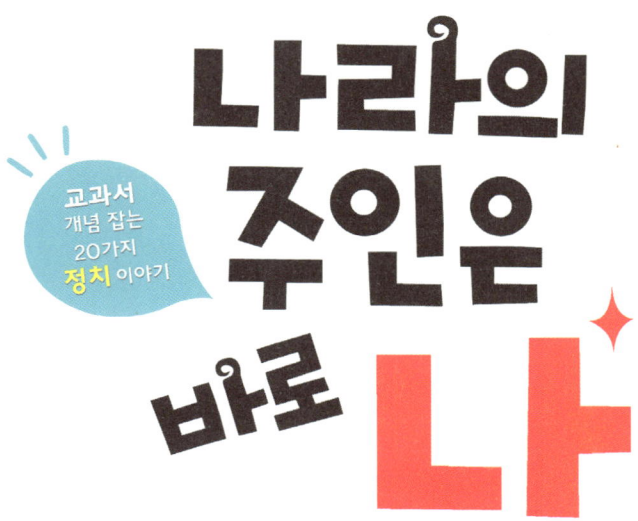

지식똑똑 7

교과서 개념 잡는 20가지 정치 이야기

나라의 주인은 바로 나

ⓒ 글 우리누리 그림 이한울, 2013

1판 1쇄 발행 2013년 7월 19일 | **1판 3쇄 발행** 2018년 6월 15일

글 정지효 | **그림** 이한울
펴낸이 권준구 | **펴낸곳** (주)지학사
본부장 황홍규 | **편집장** 박미영 | **팀장** 김은영 | **편집** 문지연 전해인 김솔지
디자인 이혜리 | **제작** 김현정 이진형 강석준 | **마케팅** 송성만 손정빈 윤술옥
등록 2010년 1월 29일(제313-2010-24호) | **주소** 서울시 마포구 신촌로6길 5
전화 02.330.5297 | **팩스** 02.3141.4488 | **이메일** arbolbooks@naver.com
ISBN 978-89-94700-58-8 74800

잘못된 책은 구입하신 곳에서 바꿔 드립니다.

이 도서의 국립중앙도서관 출판예정도서목록(CIP)은 서지정보유통지원시스템 홈페이지(http://seoji.nl.go.kr)와
국가자료공동목록시스템(http://www.nl.go.kr/kolisnet)에서 이용하실 수 있습니다.(CIP제어번호: CIP2018017229)

 제조국 대한민국   **사용연령** 8세 이상
KC마크는 이 제품이 공통안전기준에 적합하였음을 의미합니다.

 지학사아르볼   아르볼은 '나무'를 뜻하는 스페인어. 어린이들의 마음에
담긴 씨앗을 알찬 열매로 맺게 하는 나무가 되겠습니다.
홈페이지 www.jihak.co.kr/arb/book | **포스트** post.naver.com/arbolbooks

지식동화 7

나라의 주인은 바로 나

글 정지효 그림 이한울

교과서 개념 잡는 20가지 **정치** 이야기

지학사아르볼

차례

01 **정치** • 엉망진창 불협화음　　　　　　06

02 **국가** • 바람의 나라 국민, 울라푸　　　12

03 **민주주의** • 나라의 주인은 누구?　　　18

04 **민주 정치** • 우리, 얘기 좀 합시다!　　24

05 **국민의 기본권** • 쫄쫄 굶은 씨름부의 슬픈 회식날　30

06 **국민의 의무** • 까까머리 삼촌의 비밀　36

07 **여론과 언론** • 병정개미들의 목소리　42

08 **시민 단체** • 웅이의 특별한 방학 숙제　48

09 **정당** • 홀라당 대 발라당　　　　　　54

10 **선거** • 엄마가 나 대신 투표하면 안 돼?　60

11 대통령 • 매일매일 바쁜 우리 주인님	66
12 국회 의원 • 아빠는 싸움쟁이?	72
13 입법부(국회) • 입법부의 힘자랑	78
14 행정부(정부) • 마음 상한 행정부의 파업	84
15 사법부(법원) • 법을 지켜 주세요	90
16 삼권 분립 • 셋이서 힘을 나눠야 하는 이유	96
17 정부 형태 • 도와줘요, 정치학 박사님!	102
18 지방 자치 제도 • 군수님의 이유 있는 외출	108
19 남과 북 • 할머니의 고향 생각	114
20 국제 사회 • 세계 평화를 위한 노력	120

찾아보기　　126

01 정치

엉망진창 불협화음

"도대체 누가 이렇게 이상한 소리를 내는 거야?"
"소프라노에 괴상한 소리를 내는 사람이 있어!"
꾀꼬리 합창단 전원이 부르던 노래를 멈추고, 소프라노 파트를 바라봤어요.

"흥, 알토는 또 어떻고! 음이 계속 틀리는데, 두꺼운 목소리만 크게 내면 다야?"

이번에는 알토 파트에 시선이 쏠렸어요.

"쳇! 테너는 계속 박자가 안 맞아."

단원들은 모두 자기 목소리만 잘 들리도록 소리를 꽥꽥 질렀어요.

"이번에는 제대로 좀 해 보자."

꾀꼬리 합창단은 다시 노래를 시작했어요. 그러나 또 너도나도 자기 소리만 꽥꽥 질러서 서로 안 어울리는 음들이 만나 불협화음이 났어요.

"소프라노가 돋보여야 하니까, 베이스는 소리 좀 작게 내!"

소프라노 파트의 옥구슬 씨가 까랑까랑한 높은 목소리로 말했어요.

"뭐야? 소프라노가 주인공인 줄 알아?"

화가 난 베이스 파트의 나저음 씨가 굵은 목소리로 말했어요.

"그나저나 아무 데서나 숨 쉬는 사람 누구야? 소리가 자꾸 뚝뚝 끊겨서 이상하잖아!"

이번에는 테너 파트의 한소리 씨가 한마디 했어요.

"자, 다시!"

꾀꼬리 합창단은 다시 노래를 시작했지만, 나아진 게 하나도 없었어요. 화음은 여전히 엉망이었고, 모두 자기 목소리만 크게 낼 뿐이었지요.

"소프라노가 강약 조절을 못하니까 알토 소리가 하나도 안 들리잖아!"

"네 번째 마디에서 알토가 너무 늦게 노래를 시작하는 바람에 화음이 다 어긋났다고."

"에잇!"

참다못한 나저음 씨가 악보를 집어던졌어요.

"나도 더 이상은 못 해."

옥구슬 씨도 두 손 두 발 다 들었다는 듯 씩씩거렸지요. 동시에 여기저기서 퉁명스러운 소리가 터져 나왔어요. 전부 자기 목소리만 잘 들리게 하려다 보니, 제대로 된 연습을 할 수가 없었지요.

"합창 대회는 한 달도 안 남았는데, 어떻게 할 거야?"

나저음 씨의 이마에 잡힌 주름이 더욱 도드라져 보였어요. 이때, 상황을 조용히 지켜보던 유능한 씨가 말했어요.

"여러 사람이 함께 노래를 부를 때

가장 중요한 건 화음이야. 각자 자기 소리만 크게 내려고 하면 좋은 화음을 만들 수 없어. 서로의 소리에 귀 기울이고, 상대를 배려하며 소리를 내야 비로소 아름다운 합창을 할 수 있단 말이야."

유능한 씨는 막대기를 들고 맨 앞으로 나와, 반주자에게 시작하라는 신호를 보냈어요. 곧 피아노 반주가 시작되었고, 유능한 씨는 소프라노 파트를 향해 지휘를 시작했지요. 지휘에 맞춰 소프라노 파트가 노래를 불렀어요. 알토 파트가 늘 틀리던 부분도 지휘에 맞춰서 부르자 딱 맞았어요. 유능한 씨의 막대기는 때로는 크게, 때로는 작게, 때로는 빨리, 때로는 천천히 움직였지요. 단원들은 막대기가 움직이는 대로 목소리를 조절하며 노래를 불렀어요.

"우리가 함께 부르는 노래가 이렇게 아름답다니, 놀라워!"

꾀꼬리 합창단이 드디어 불협화음 문제를 해결했어요. 단원들은 서로 의논하여 유능한 씨에게 지휘를 맡기기로 했어요. 지휘자 유능한 씨와 함께 여러 번 연습할수록 화음은 점점 더 완벽해졌답니다.

정치란 무엇일까요?

각자의 개성이 뚜렷한 꾀꼬리 합창단 단원들처럼 다양한 사람들이 모여 생활하다 보면 여러 가지 문제가 생기기 마련이에요. 이럴 때 각자 자기 생각만 주장하는 것이 아니라 상대를 설득하기도, 양보하기도 하며 문제를 조화롭게 해결해야 해요. 이러한 과정을 '정치'라고 하지요.

정치는 사람들 사이에서 생길 수 있는 문제와 다툼을 조정해 주고, 의견 차이를 좁혀 서로에게 도움이 되는 방법을 찾을 수 있게 해 주지요. 쉽게 말해 정치는 사람들이 함께 어울려 행복하게 살아갈 수 있도록 해 주는 것이랍니다.

정치는 누가 하나요?

국민 모두가 사회의 중요한 정책을 결정하는 데 직접 참여하면 얼마나 좋을까요? 하지만 온 국민이 정치에 직접 참여하는 것은 매우 어려운 일이에요. 하는 일이 각기 다른 수많은 사람들이 시간을 맞춰 한자리에 모이는 건 힘든 일이니까요. 게다가 수많은 의견을 알맞게 조절하는 것은 더욱 어렵겠지요. 그래서 현재 대부분의 국가에서는 국민이 직접 뽑은 대표자들이 정치를 하고 있어요. 그렇기 때문에 선거를 할 때, 국민의 의견을 귀담아듣고 올바른 결정을 내릴 수 있는 대표를 뽑는 것이 중요하답니다.

서로 생각이 다를 땐 어떻게 하지요?

　모든 사람의 생각이 똑같을 수는 없어요. 각자가 다른 생각과 의견을 갖고 있기 때문이지요. 그런데 어떤 일을 결정할 때마다 상대방의 생각이 자신과 다르다는 이유로 계속 반대를 한다면, 일을 진행할 수 없을 거예요. 그래서 어떠한 일을 결정할 때, 찬성하는 사람이 절반을 넘으면 그 일을 진행할 수 있도록 만든 제도가 있답니다. 바로 '다수결의 원칙'이에요.

　하지만 다수결의 원칙이 항상 가장 좋은 방법은 아니에요. 많은 사람이 찬성한 의견이라고 해서 반드시 옳은 것은 아니니까요. 더군다나 다수의 결정에 따르다 보면 소수의 의견이 무시되는 경우도 있어요. 이럴 땐 소수의 의견에도 귀를 기울이고 존중해 주는 지혜가 필요해요.

다수

소수

소수의 의견에도
귀 기울여 주세요

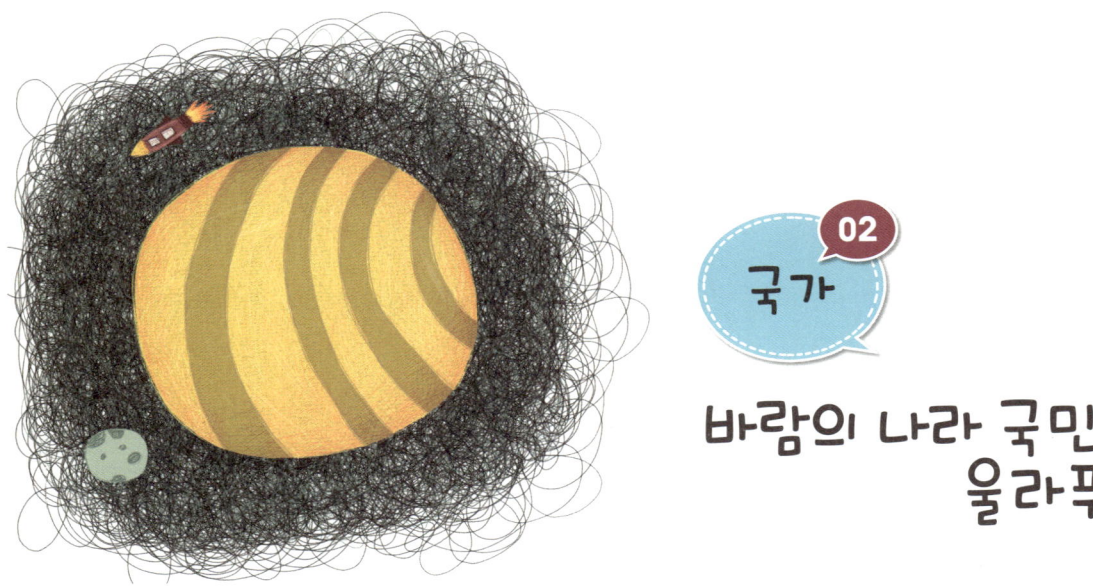

02 국가

바람의 나라 국민, 울라푸

아이다 소행성은 생명력이 넘치는 곳이에요. 키가 큰 나무들이 울창한 숲을 이루고, 다양한 동물과 사람들이 어우러져 살고 있었지요.

"정말 그렇게 되면 지금보다 더 살기 좋아지겠죠?"

"그럼. 우리를 보호해 주는 방패가 될 거야."

한밤중에 잠에서 깨 화장실에 다녀오던 울라푸는 부모님 방에서 새어 나오는 대화를 엿듣고 말았어요.

'방패? 커다란 방패를 사려고 하시나? 도대체 무슨 얘기지?'

울라푸는 당장이라도 가서 확인하고 싶었지만, 너무 늦은 밤이라 아침이 밝으면 물어보기로 했어요. 아침에 눈을 뜬 울라푸는 방에서 나와 엄마 아빠부터 찾았어요. 하지만 부모님은 이미 외출하신 뒤였어요.

"앗, 이건!"

집 안 구석구석을 살피던 울라푸는 유토피아 광장으로 9시까지 모이라는 전단지를 발견했어요. 울라푸는 서둘러 유토피아 광장으로 달려갔지요. 광장에는 마을 어른들뿐만 아니라 처음 보는 다른 마을 사람들도 굉장히 많았어요. 무언가 엄청난 일이 벌어지고 있는 느낌이었지요.

'우아, 이렇게 많은 사람이 모인 건 처음 봐. 대체 이 사람들은 왜 모인 거지?'

커다란 나무 뒤에 몸을 숨긴 울라푸는 고개만 빼꼼히 내민 채 광장을 살펴보았어요. 그러다 광장 중앙에 지금껏 보지 못했던 아주 커다란 깃발이 꽂혀 있는 걸 발견했지요. 깃발에는 '바람의 나라'라고 쓰여 있었어요. 깃발 옆에는 마을에서 가장 나이가 많은 루팡 할아버지가 서 있었어요.

"이 자리에 모인 여러분은 이제부터 '바람의 나라' 국민입니다. 우리 영토는 방울산부터 거울강까지예요. 내일부터 여러분에게 바람의 나라 국민임을 증명하는 등록증을 만들어 줄 겁니다."

루팡 할아버지의 말씀이 끝나자, 누군가 질문을 하기 위해 손을 번쩍 들었어요. 울라푸는 멀리서도 그 사람이 누구인지 단번에 알아보았지요. 바로 아빠였어요.

울라푸는 아빠의 질문을 자세히 듣기 위해 귀를 기울였어요.

"얼마 전, 판도라 행성 사람들이 우리 아이다 행성에 쳐들어와 자원을 마구 훔쳐 갔습니다. 앞으로 이런 일이 또 일어난다면 바람의 나라에서는 국민을 어떻게 지켜 줄 건가요?"

"군대를 만들어 다른 행성 사람들이 이곳에 함부로 침입하지 못하도록 보호하겠습니다."

루팡 할아버지의 답변이 끝나자 누군가 또 손을 들었어요. 남의 일에 참견하는 걸 누구보다도 잘하는 오로라 아주머니였어요.

"앞으로 이 나라에서 일어나는 일들은 누가 결정하는 거죠?"

"당연히 여기에 계신 여러분들이 결정해야죠. 우리 바람의 나라에 대한 권리는 바로 여러분에게 있으니까요."

루팡 할아버지는 광장에 모인 사람들을 쭉 둘러보며 대답했어요.

"앞으로 바람의 나라는 여러분을 지키는 방패와 같은 역할을 할 것입니다. 여러분이 보다 편안하고, 안전하고, 행복하게 살아갈 수 있도록 여러 일을 할 거예요."

숨죽여 루팡 할아버지의 이야기를 듣고 있던 울라푸는 무릎을 탁 쳤어요.

'아하, 이제 알겠네. 그러니까 아이다 소행성에 바람의 나라가 세워졌고, 이 나라가 바로 우리를 보호해 주는 방패와 같은 역할을 한다는 거지? 어젯밤 엄마 아빠가 하신 말씀이 바로 이거였구나!'

회의가 끝나자 모두 집으로 돌아갈 준비를 했어요. 울라푸는 그 사이를 헤집고 들어가 간신히 엄마 아빠를 만났어요.

"울라푸, 언제 여기까지 왔어? 엄마가 혼자서 멀리 다니는 건 위험하다고 했잖니."

"엄마! 루팡 할아버지 말씀이 모두 진짜예요? 그러니까 이제부터 우리는 바람의 나라 국민인 거죠?"

"아빠가 집에 가서 모두 설명해 주려고 했는데, 이미 다 알아 버렸구나?"

울라푸는 어깨를 한 번 으쓱하고는 마을로 달려갔어요. 친구들에게 이 소식을 가장 먼저 알리고 싶었기 때문이랍니다.

국가란 무엇인가요?

국가란 일정한 지역 안에 사는 사람들을 보호하고 다스리는 권력 기구를 말해요. 국가를 이루기 위해서는 세 가지 요소가 필요하지요. 살아갈 수 있는 '땅(영토)'과 그 땅에 사는 '국민', 그리고 국가에 대한 권리가 누구에게 있는지 결정하는 '주권'이에요. 이 세 가지 요소를 '국가의 3대 요소'라고 하는데, 이것을 모두 갖추어야 국가를 이룰 수 있어요.

국가는 인류의 역사만큼이나 오래되었답니다. 오랜 옛날에는 국가가 하나의 마을이나 도시처럼 규모가 작았어요. 그러던 것이 규모가 점점 커져서 오늘날과 같이 넓은 영토와 많은 인구를 가진 형태의 국가가 되었답니다.

국민을 보호하는 것도 국가의 몫

국가는 어떤 일을 해요?

국가는 국민들이 안전하고 행복하게 살 수 있도록 여러 가지 일을 해요. 사회의 질서를 유지하고, 국민들의 안전한 생활을 보장하지요. 국민들이 지켜야 할 공동 규칙을 만들어 이를 어기거나 죄를 짓는 사람들에게 벌을 주기도 해요. 각종 범죄와 위협으로부터 국민 개개인의 안전을 보호하기 위해서죠. 또, 군대를 만들어 다른 나라의 침략으로부터 국민을 보호해요. 세금을 걷어 나라의 살림을 운영하고, 국민에게 필요한 공공시설을 짓고 관리하기도 하지요. 홍수나 태풍 등의 큰 자연재해가 일어났을 때 국민들을 구하고 도움을 주는 것도 국가에서 하는 일이에요. 이 밖에도 국가는 국민을 안전하게 보호하기 위해 다양한 일을 한답니다.

국가는 꼭 필요한가요?

국민의 생명과 재산을 보호하고, 행복한 삶을 살 수 있게 하기 위해서는 국가가 꼭 필요해요. 국가의 존재는 국제 사회에서 국민들이 정당한 대우를 받기 위해서도 중요하지요. 또, 국가는 국민들에게 소속감이나 정신적 안정감을 느끼게 해 줌으로써 우리가 더 행복하게 살아갈 수 있도록 해 주지요. 이렇듯 국가는 국민을 안전하게 보호해 주는 방패와 같은 역할을 한답니다.

03 민주주의

나라의 주인은 누구?

"나라의 주인은 왕이야. 그러니까 모든 백성은 내 말에 무조건 따라야 해!"

홀로왕국은 왕이 모든 권력을 가지고 제 마음대로 나라를 다스리는 왕국이에요. 왕이 나라의 주인이고, 백성들은 그게 신의 뜻이라고 믿었지요. 왕의 가족이 아니면 누구도 왕이 될 수 없으니까요.

홀로왕국의 왕은 늘 배불리 먹고, 매일 파티를 하며 사치스러운 생활을 했어요. 백성들이 열심히 농사 지은 곡식도 모두 빼앗아 갔지요.

"세상에서 가장 크고 화려한 궁전을 지을 거야. 그러니 이 나라의 모든 남자들을 모아 궁전을 짓도록 하여라."

홀로왕국의 왕은 지금도 충분히 크고 화려한 궁전에서 살고 있지만,

욕심은 끝이 없었어요. 백성들은 점점 더 지쳐 갔지만 달리 어찌할 방법이 없었지요. 왕의 말이라면 무조건 따라야 했으니까요.

궁전을 지으라는 왕의 명령이 떨어지자, 갑옷을 입은 군인들이 나라 구석구석을 돌아다니며 어른 남자들을 모조리 잡아갔어요.

"이제 어쩌면 좋아요. 당신도 곧 끌려갈 텐데……. 그럼 우리 딸 몰리와 저는 앞으로 어떻게 살아가죠?"

알리 씨의 아내가 깊은 한숨을 내쉬며 눈물을 글썽였어요.

"뭐든지 왕이 제멋대로 하는 이 나라에서는 못 살겠어."

알리 씨가 말했어요.

"그게 무슨 말이에요?"

알리 씨의 아내가 눈물을 닦으며 물었지요.

"날이 어두워지면 사람들 눈을 피해 이 왕국을 떠납시다."

알리 씨 가족은 날이 저물자마자 간단한 짐을 챙겨 먼 길을 떠났어요. 밝은 낮에는 깊은 숲 속에 몸을 숨겼다가 날이 어

두워지면 다시 길을 떠나기를 며칠간 반복했지요.

"이제 다 온 것 같소."

지도를 보던 알리 씨가 멀리 보이는 커다란 푯말을 가리키며 말했어요. 푯말에 가까이 다가가자 다음과 같은 글이 쓰여 있었어요.

> 모두왕국의 주인은 왕도 아니고,
> 귀족도 아닌 바로 시민

모두왕국의 입구에 들어선 알리 씨 가족은 많은 사람이 모여 있는 곳으로 가서 사람들이 하는 이야기에 귀를 기울였어요.

"작년에 나라에서 거둬들인 곡식의 양이 어땠나요?"

"생각보다 많이 거두어졌어요. 올해는 작년보다 덜 걷는 것이 좋겠습니다."

알리 씨는 사람들의 이야기를 듣고 깜짝 놀랐어요. 모두왕국의 시민들이 한자리에 모여서, 나라에

얼마만큼의 곡식을 내는 것이 적당한지에 대해 자유롭게 자기의 의견을 말했기 때문이에요. 더군다나 시민들은 긴 토론 끝에 투표도 하기 시작했어요.

"투표 결과를 말씀드립니다. 세금을 현재보다 10% 줄이자는 의견이 제일 많았습니다. 이 결과를 모두왕국의 세금 정책에 반영할 수 있도록 왕에게 보고하겠습니다."

투표 결과를 들은 알리 씨의 아내는 이 상황이 어리둥절했어요.
"왕이 마음대로 세금을 거둬 가는 게 아니라 시민들이 정하다니……. 여보, 지금 저 사람들이 하는 이야기가 사실일까요?"
"아까 모두왕국 입구에 있는 푯말 봤잖소. 이 나라의 주인은 왕도 아니고, 귀족도 아닌 바로 시민이라고."
"우리가 나라의 주인이라니 놀라워요! 그럼 왕이 뭐든지 제멋대로 하는 일은 없겠네요."
알리 씨 가족은 기뻐하며 서로를 얼싸안았어요.

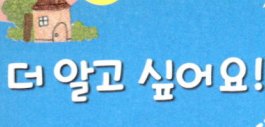

더 알고 싶어요!

민주주의란 무엇일까요?

　민주주의란 한 사람이나 몇 사람이 국민을 지배하는 것이 아니라, 국가의 주권이 국민에게 있고 국민을 위한 정치를 하는 제도를 말해요.

　미국의 제16대 대통령이었던 링컨은 1863년에 미국 남북 전쟁의 최대 전쟁 지역 중 하나인 게티즈버그에서 약 2분 동안 짧은 연설을 했어요.

　"국민의, 국민에 의한, 국민을 위한 정부는 이 땅에서 결코 사라지지 않을 것입니다!"

　이 말은 나라의 주권이 국민에게 있고, 나라의 정치는 국민의 힘으로 이루어져야 하며, 모든 정치는 바로 국민을 위한 것이어야 한다는 뜻이에요. 링컨의 이 유명한 말은 민주주의의 기본 정신과 그 의미를 아주 잘 보여 주는 말이에요. 그래서 지금까지도 민주주의 국가의 사람들에게 사랑받는 명언으로 전해지고 있답니다.

민주주의의 반대는 뭐예요?

 민주주의의 반대를 공산주의로 알고 있는 사람들이 많아요. 하지만 민주주의의 반대는 독재예요. 독재란 개인 혹은 몇몇의 권력자가 힘으로 나라를 다스리는 것을 말해요. 그럼 공산주의의 반대는 무엇일까요? 바로 자본주의예요. 공산주의란 개인이 재산을 갖지 못하고, 국가가 국민에게 공평하게 나누어 주는 사상이죠. 그래서 가난한 사람과 부유한 사람의 재산 차이는 작지만 일의 능률은 오르지 않아요. 그럼 자본주의란 무엇일까요? 자기가 일한 만큼 대가를 받을 수 있고, 자신의 재산을 소유할 수 있는 제도예요. 그러니까 우리나라는 민주주의 국가이면서 자본주의 국가라고 할 수 있지요.

요즘도 왕이 있는 나라가 있나요?

 현대에도 영국, 벨기에, 쿠웨이트, 일본, 태국처럼 왕이 있는 나라가 있어요. 하지만 영국, 일본을 비롯한 대부분의 나라의 왕들은 옛날처럼 직접 정치를 하지는 않아요. 왕은 나라의 상징일 뿐 정치를 하는 사람들은 따로 있거든요. 그러나 중동과 아시아의 몇몇 나라들은 아직도 왕이 직접 국가를 다스리기도 해요.

유럽
영국, 모나코, 벨기에, 노르웨이 등

중동
사우디아라비아, 쿠웨이트, 요르단 등

아시아
일본, 태국, 캄보디아, 네팔 등

04 민주 정치

우리, 얘기 좀 합시다!

"이거 정말 너무하는구만!"
좋아시 구린구의 구청장은 신문을 보며 씩씩거리고 있었어요.
"아니, 구청장님! 왜 그러십니까?"
"왕 비서! 이것 좀 봐."
왕소심 비서는 구청장이 건네는 신문을 보았어요.

깔끔구 주민들의 심한 반대로 구린구의 쓰레기 소각장 건립이 취소될 전망이다. 쓰레기 소각장이 부족하여 쓰레기 처리에 골머리를 앓아 온 구린구는 최근 쓰레기 소각장 건립 계획을 발표했다. 그러나 구린구와 가까이

있는 깔끔구 주민들이 나쁜 냄새와 환경 파괴 등의 이유로 반대 시위를 계속하자, 좋아시는 구린구의 소각장 건립 계획을 전부 재검토하겠다고 밝혔다. 한편, 깔끔구는 새로운 하수 처리장 건립을 앞두고 마땅한 지역을 구하지 못해 어려움을 겪고 있다.

"이봐! 왕 비서. 우리 구린구는 현재 쓰레기 처리 시설이 부족해서 문제고, 깔끔구는 하수 처리 시설이 없어서 애를 먹고 있지."
"네! 그렇지요."
"그러면 깔끔구는 그들과 같은 처지인 우리가 쓰레기 소각장을 만드는 것에 대해 반대하지 말아야 하는 거 아닌가?"
"그렇긴 합니다만, 구린구와 깔끔구가 워낙 가까이 붙어 있다 보니 깔끔구 주민들이 자기네 쪽까지 피해가 생길 거라는 이유로……."
왕소심 비서는 벌겋게 달아오른 구청장의 화난 얼굴을 보고는 말끝을 흐렸어요.
"아무리 그래도 그렇지! 이거 정말 큰일이군! 쓰레기 소각장 건립이 취소되면, 앞으로 우리 구린구에서 나오는 쓰레기는 다 어떡하나!"

구청장의 얼굴에 근심이 가득했어요.

"내일 이 문제로 구린구와 깔끔구 주민 대표들을 모아 회의를 열기로 했는데, 뭐 좋은 해결책이 없을까?"

왕소심 비서는 재빨리 머리를 굴렸어요.

"구청장님! 제게 좋은 생각이 있어요."

왕소심 비서는 번뜩이는 아이디어를 구청장에게 말했어요.

"오호! 정말 좋은 생각이야!"

왕소심 비서의 이야기를 들은 구청장은 무릎을 치며 기뻐했어요.

다음 날, 구린구와 깔끔구는 주민 대표들이 모인 가운데 회의를 열었어요. 회의가 시작되자마자 깔끔구 주민들은 구린구의 쓰레기 소각장 건립을 절대 허락할 수 없다고 아우성이었지요.

"여러분! 깔끔구는 하수 처리장을 건설하기 위한 땅을 찾고 있지요? 그런데 아직 마땅한 곳을 찾지 못했다고 들었습니다."

깔끔구 주민들은 구린구의 구청장이 쓰레기 소각장 얘기 대신 왜 깔끔구의 하수 처리장 얘기를 꺼내는지 모르겠다며 웅성거렸어요.

"그래서 말인데 깔끔구의 집, 공장, 병원 등에서 쓰고 버리는 오염된 물을 구린구의 하수 처리장에서 처리하는 게 어떻겠습니까?"

구린구 구청장의 제안에 깔끔구 주민들은 어리둥절했어요.

"단, 조건이 있습니다. 구린구에서 깔끔구의 하수를 처리하는 대신, 깔끔구는 구린구에서 배출되는 생활 쓰레기를 처리해 주는 것이지요."

구린구 구청장의 이야기가 끝나자 깔끔구 구청장을 비롯한 주민들은 잠시 생각에 잠겼어요.

"그럼 저희 깔끔구에서도 조건을 제시하겠습니다. 깔끔구에서 구린구의 쓰레기까지 맡아 처리하려면 저희 쓰레기 소각장 시설을 늘려야 합니다. 이에 따른 비용을 구린구에서 보조해 주셨으면 합니다."

깔끔구 구청장의 답변이 끝나자 구린구 구청장과 주민들이 잠시 이야기를 나눴어요.

"좋습니다. 그러면 앞으로 구린구에서는 깔끔구의 하수를 처리하고, 깔끔구에서는 구린구의 쓰레기를 처리하기로 합의합시다."

구린구와 깔끔구는 서로 꼭 필요한 시설을 함께 사용하기로 한 덕분에 시설 건설 비용을 아낄 수 있었답니다.

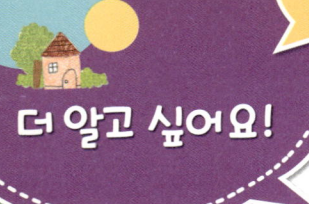

더 알고 싶어요!

문제 해결의 특효약 '대화와 타협'

민주 정치란 국가의 주권이 국민에게 있고, 국민의 의사에 따라 하는 민주주의 정치를 말해요. 즉, 나라의 주인이 국민이고, 국민이 정치에 참여해 나라를 다스리며, 국민의 행복을 위해 나랏일을 하는 것을 말하지요.

이러한 민주 정치를 위해서는 무엇보다 대화와 타협이 중요해요. 문제가 발생하면 대화를 통해 서로 다양한 의견을 나누고 조금씩 양보해 문제를 해결하지요. 모두 만족할 만한 좋은 방법을 찾기 위해 대화를 하다 보면 타협점을 찾아 문제를 해결할 수 있어요. 이렇게 민주 정치를 하기 위해서는 꼭 지켜야 할 세 가지 원리가 있어요. 바로 국민 주권, 입헌주의, 권력 분립이에요.

민주 정치에 필요한 세 가지 원리는 뭐예요?

첫 번째 원리인 '국민 주권'은 국민이 국가의 중요한 결정을 내리는 것을 말해요. 그러나 국민 개개인이 모두 정치에 참여하는 것은 불가능하지요. 그래서 국민이 선출한 대표자들이 국민을 대신해 정부와 각 기관을 감시하고, 국민의 의견을 반영하여 중요한 결정을 내린답니다. 두 번째 원리인 '입헌주의'는 국가 통치 체제의 기초가 되는 법인 헌법을 통해 국민의 자유와 권리를 보장하며 정치를 하는 것을 말해요. 세 번째 원리인 '권력 분립'은 국가 권력을 여러 개의 기관으로 분산시켜 서로 견제하고, 균형이 이루어지도록 하는 것이랍니다.

대화와 타협으로 문제가 해결되지 않으면 어떻게 해요?

민주 정치에서 문제를 해결하는 데 가장 중요한 것은 대화와 타협이지만, 이 방법으로도 문제가 해결되지 않을 때가 있어요. 그때 사용하는 방법이 다수결의 원칙이에요. 다수결의 원칙에 따라 의견이 결정되면 내 의견과 다르더라도 인정하고 따라야 해요. 여기서 더 중요한 것은 소수의 의견도 무시되어서는 안 된다는 거예요. 많은 사람이 찬성한 의견으로 결정되었다고 하더라도 소수의 의견도 존중하고 참고해야 한다는 점을 꼭 기억해 두세요.

국민의 기본권 05

쫄쫄 굶은 씨름부의 슬픈 회식날

"오늘 연습은 여기까지! 오랜만에 다 같이 저녁 먹을까?"

"야호, 좋아요!"

"고기! 고기!"

"하하, 좋아! 너희가 제일 좋아하는 고기를 실컷 먹게 해 줄게."

김 코치의 말에 선수들은 환호성을 질렀어요.

힘든 훈련을 끝낸 씨름 선수 10명과 김 코치는 서둘러 식당으로 향했어요. 이들이 도착한 곳은 유명한 고기 뷔페였지요.

한눈에 봐도 덩치가 산

만 한 사내들이 뷔페로 들어가자 사람들의 시선이 일제히 선수들에게 쏠렸어요. 김 코치와 선수들이 빈자리를 찾아 막 앉으려고 하는데, 뷔페 주인이 한걸음에 달려왔어요.

"저희 뷔페는 운동선수를 받지 않습니다."

주인은 이들이 앉으려고 빼놓은 의자를 밀어 넣으며 단호히 말했어요.

"그게 무슨 말입니까?"

김 코치의 목소리가 높아졌어요.

"죄송하지만, 운동선수를 받지 않는 것이 저희 뷔페의 운영 방침입니다."

주인은 물러서지 않고 다시 한 번 힘주어 말했어요.

"아니, 무슨 이런 경우가 다 있습니까?"

"운동선수는 일반인과 다르잖아요. 이렇게 큰 체격을 유지하려면 보통 사람의 몇 배는 더 드실 것 아닙니까?"

김 코치의 얼굴이 무섭게 변했어요.

"뭐라고요? 운동선수가 일반인과 다르다고요?"

"그럼요. 다르죠. 보아하니 다들 체중이 엄청 나갈 것 같은데, 여러분이 여기서 마음껏 고기를 먹어 치우면 우린 어떻게 장사를 합니까?"

"여긴 뷔페니까 손님이 양껏 먹는 게 당연한 거 아닙니까?"

김 코치가 버럭 소리를 질렀어요.

"양도 어느 정도껏이어야죠!"

흥분한 주인도 소리를 질렀어요. 분위기가 험악해지자, 선수들은 그냥 나가자고 김 코치의 옷을 잡아당겼지요.

"내가 그냥 넘어갈 줄 알아요? 당신은 우리의 직업과 신체 조건을 이유로 밥 먹을 권리를 빼앗았어요!"

김 코치는 주인을 향해 더 큰 목소리로 이야기했어요.

"우리는 성별, 나이, 직업 등에 의해 차별받지 않을 권리가 있어요. 당신은 국민의 기본권인 평등권도 모릅니까?"

식사를 하던 손님들은 둘의 시끄러운 말다툼 때문에 눈살을 찌푸렸어요. 선수들은 간신히 김 코치를 설득해 뷔페 밖으로 나왔어요.

"코치님! 그냥 다른 식당으로 가요."

"너희들은 화도 안 나냐?"

"저희도 화나지요. 근데 코치님! 아까 기본권이니 평등권이니 어려운 말씀을 하시던데, 그게 뭐예요?"

"이 녀석아, 국민이라면 누구나 누릴 수 있는 권리도 몰라?"

선수들은 서로 눈치만

보았어요.

"어허, 아무도 몰라? 국민의 기본권을 못 누리는데, 운동만 잘하면 뭐해!"

김 코치는 한심한 눈으로 선수들을 바라봤어요.

"내일 훈련 전까지 국민의 기본권에 대해서 모두 알아 와! 오늘 회식은 없었던 걸로, 이상!"

김 코치는 숙제만 내주고는 저만치 걸어갔어요. 10명의 선수들은 멀어져 가는 김 코치의 뒷모습을 바라보며 뒤통수만 긁적였어요. 그러는 사이, 선수들의 배에서는 꼬르륵 소리가 더욱 커져 갔어요.

더 알고 싶어요!

기본권이란 무엇일까요?

기본권이란 인간이 태어나면서부터 가지고 있는 권리로, 국민이라면 누구나 누릴 수 있는 권리예요. 우리나라 헌법에는 인간의 존엄성과 행복을 추구할 권리를 보장하기 위해 국민의 기본권을 정해 두고 있어요. 기본권에는 자유권, 평등권, 사회권, 청구권, 참정권이 있지요.

자유권은 국가로부터 간섭받지 않고 행동하고, 생각할 수 있는 권리예요. 원하는 종교를 믿고, 살고 싶은 곳에 살며, 원하는 직업을 선택하는 등의 활동은 모두 자유권에 해당하지요. 평등권은 성별, 종교, 직업, 장애 등에 의해 차별받지 않을 권리예요. 사회권은 인간답게 살 수 있도록 국가에 요구할 수 있는 권리를 말해요. 일할 수 있는 기회를 요구하거나 교육을 받을 것, 깨끗한 환경에서 사는 것 등이 사회권에 포함되어 있어요. 청구권은 국민이 국가에 어떤 일을 해 달라고 요구할 수 있는 권리로, 재판을 받을 수 있는 재판 청구권 등이 있지요. 참정권은 정치에 직접 또는 간접적으로 참여할 수 있는 권리를 말해요.

국가가 가지고 있는 권리와 의무도 있나요?

국민으로서 누릴 수 있는 기본 권리와 지켜야 할 의무가 있듯이 국가도 기본 권리와 의무를 가지고 있어요. 국가의 권리와 의무는 국제법이 정하고 있지요. 국가의 권리와 의무에는 주권, 평등권, 불간섭 의무 등이 있어요. 국가가 다른 나라에 대해 독립되어 있음을 의미하는 것이 주권이에요. 모든 국가가 평등하다는 것이 평등권이지요. 또, 어떤 나라든 다른 나라의 정치에 간섭할 수 없는 것을 불간섭 의무라고 한답니다.

국민의 기본권은 누가 지켜 주나요?

우리나라는 헌법으로 국민의 기본권을 보장하고 있어요. 그리고 기본권을 지켜 주기 위해 여러 가지 일을 하고 있지요. 개인이 권리를 침해 당했을 때, '국가인권위원회'는 국민 개개인의 권리를 보호하고, 인간으로서의 존엄성과 가치를 지킬 수 있도록 도와줘요. 국가인권위원회의 조사를 통해 어떤 국민이 다른 사람이나 단체로부터 인권을 침해 당했다고 판단되면 잘못된 점을 고쳐야 하지요. '국민권익위원회'에서도 국민의 권리가 침해되지 않도록 감시해요. 특히 국가가 잘못하고 있는 부분이나 행정상의 불편함 등으로 인해 국민이 어려움을 겪지 않도록 돕는 일을 하지요.

국민의 의무 06

까까머리 삼촌의 비밀

"삼촌이 까까머리가 됐어!"

혁이는 동생 석이의 말에 깜짝 놀랐어요. 이제껏 짧은 머리를 한 삼촌은 본 적도, 상상한 적도 없었으니까요. 제발 머리카락 좀 자르라는 할아버지의 말도 듣지 않던 삼촌이었는데, 까까머리라니!

"에이, 그럴 리가! 너 거짓말하는 거 아냐?"

"진짜라니까! 내가 이 두 눈으로 똑똑히 봤어!"

삼촌은 왜 갑자기 긴 머리카락을 싹둑 잘랐을까요? 혁이와 석이는 그 이유를 추측해 보았어요.

"아무래도 삼촌, 애인이랑 헤어졌나 봐."
"아니야. 할아버지께서 화가 나서 삼촌 머리카락을 홀라당 밀어 버렸을 거야. 요즘 공부는 안 하고 매일 기타만 쳤잖아."
혁이와 석이는 누구의 생각이 맞는지 내기를 했어요. 그날 저녁 외출했던 삼촌이 돌아왔어요. 석이의 말처럼 삼촌은 정말 까까머리가 되어 있었지요. 혁이는 그 모습이 이상해서 자꾸만 웃음이 나오려고 했어요.
"삼촌! 여자 친구랑 헤어졌지요?"
"뭐? 조그만 녀석이 별 신경을 다 쓰네. 아니거든?"
삼촌이 석이 머리에 꿀밤을 때리며 말했어요.
"앗, 그럼 할아버지가 삼촌 머리카락을 밀었구나. 에이, 내가 졌네!"
"도대체 무슨 얘기야? 할아버지가 왜 내 머리카락을 밀어?"
삼촌은 어이없다는 표정이었어요.
"그럼 왜 갑자기 머리카락을 싹둑 잘랐어요?"
"그야 남자의 의무를 다하기 위해서지!"
"남자의 의무?"
혁이와 석이가 동시에 외쳤어요.
"삼촌, 다음 주에 군대 간다."

"군대요?"
혁이의 동그란 눈이 더 커졌어요.
"우리나라 남자는 어른이 되면 나라를 지키기 위해 군대에 가야 해. 국민으로서 해야 할 의무거든."
"의무가 뭐예요?"
"우리가 국민으로서 누릴 수 있는 권리가 있듯이, 마땅히 해야 할 일들이 있어. 그걸 의무라고 해."
삼촌이 밤송이 같은 머리를 문지르며 말했어요.
"국민의 의무에는 군대에 가는 국방의 의무 말고도 납세의 의무, 교육의 의무, 근로의 의무, 총 4가지가 있지."
"어휴, 생각만 해도 불편해. 그런 게 꼭 필요한가?"
석이는 의무라는 말이 마음에 들지 않았어요.
"그 4가지가 의무여야 하는 이유가 있지. 국방의 의무는 나라가 위험할 때 우리나라를 지키기 위해 필요하고, 납세의 의무는 국민들이 일을 하고 얻는 이익의 일부를 세금으로 내는 거야."
"내가 일해서 번 돈인데, 왜 아깝게 나라에 내야 해요?"
혁이가 삼촌의 말을 자르며

말했어요.

"국가는 국민들이 낸 세금으로 우리가 이용하는 도로를 만들고, 공공건물이나 복지 시설을 짓기도 해. 혁이가 다니는 학교도 국민들이 낸 세금으로 지은 거야. 세금은 나라와 국민을 위해 여러 가지 일을 하는 데 쓰이니까 당연히 내야 하는 것이지."

혁이가 고개를 끄덕였어요.

"학교 얘기가 나왔으니 말인데, 개인의 성장과 나라의 발전을 위해 국민들이 의무적으로 교육을 받도록 하는 것이 바로 교육의 의무란다."

"그럼 근로의 의무는요?"

"국민이 자신의 행복과 나라의 발전을 위해 능력과 적성에 맞는 일을 해야 하는 것이 근로의 의무지. 혁이는 커서 비행기 조종사가 되고 싶다고 했지? 혁이가 조종사가 되어 열심히 일하면 혁이도 행복해지고, 나라의 경제 발전에도 도움이 되는 것이지."

"그나저나 우리 둘 다 내기에서 졌네. 삼촌이 애인이랑 헤어진 거면 더 좋았을 텐데, 키키!"

석이는 삼촌에게 꿀밤을 한 대 더 맞았어요.

더 알고 싶어요!

국민의 권리와 의무

국민의 권리와 의무는 동전의 앞면과 뒷면처럼 항상 붙어 다녀요. 어느 하나만 가지고는 역할을 제대로 할 수 없기 때문이에요. 국민으로서 권리를 누리기 위해서는 국민으로서 지켜야 할 의무를 다해야 해요. 국가는 국민의 권리를 지켜 주고, 국민은 자신에게 주어진 의무를 다해야만 국가 안에서 국민이 행복하게 살아갈 수 있답니다.

민주 국가에서 왜 의무가 필요할까요?

민주 국가에서 국민에게 권리만 있고, 의무가 없다면 어떻게 될까요? 우선, 국방의 의무가 없다면 다른 나라로부터 위협을 받거나 나라에 위급한 일이 발생했을 때 나라를 지키기가 힘들 거예요. 또, 납세의 의무가 없다면 세금을 걷을 수가 없으니 우리에게 필요한 도로나 철도 등을 건설할 수도 없고, 국민을 위한 정책도 실행하지 못하겠지요. 이렇듯 의무가 없으면 나라를 운영할 수가 없어요. 그렇게 되면 우리가 권리를 누릴 수도 없지요. 어느 하나만 가지고는 제대로 역할을 할 수 없기 때문에 권리와 의무는 바늘과 실처럼 항상 붙어 있는 거예요. 권리가 있으면 당연히 의무도 따른다는 사실을 잊지 마세요.

가정에서 지킬 수 있는 국민의 의무에는 어떤 것이 있나요?

가족 구성원들이 지키고 있는 의무를 살펴볼까요? 아버지는 일터에 나가 일하는 것으로 국가의 경제 발전에 도움이 되는 근로의 의무를 하고 있어요. 또, 월급이나 사업을 통해 벌어들인 이익의 일부를 세금으로 내 납세의 의무도 지키고 있지요. 부모님은 자녀들이 교육의 의무를 다할 수 있도록 학교에 보내지요. 삼촌이나 친척 오빠, 형들은 나라를 지키기 위해 군대에 가서 국방의 의무를 하고 있답니다.

여론과 언론 07

병정개미들의 목소리

"우리 개미 왕국의 수도를 다른 데로 옮긴대!"
과자 부스러기를 열심히 나르던 개미들이 개미 왕국의 소식통인 개미 1호의 말에 일손을 멈췄어요.

"새로운 수도는 마루 상가 앞에 있는 화단일 가능성이 크대."

"마루 상가라면 길 건너에 학원이 많은 건물 말이야?"

"응. 바로 거기."

마루 상가는 1층부터 5층까지 태권도, 영어, 수학, 논술 등 학원이 많이 있는 건물이에요. 그래서 어린이들의 발길이 끊이지 않지요.

"거긴 애들이 많아서 먹을 게 많아. 얼마 전에 거기서 어떤 꼬마가 과자 봉지를 뜯자마자 바닥에 모두 쏟았지 뭐야. 꼬마가 그걸 주우려는 순간 어떤 어른이 달려와서 땅에 떨어진 건 주워 먹으면 안 된다며 버리라고 했어. 어찌나 기쁘던지!"

개미 5호가 입맛을 다시며 말했어요.

"하지만 거긴 위험해. 아이들은 우리를 발견하면 가만두질 않잖아. 나무 막대기로 괴롭히거나 손가락으로 꾹꾹 누르는 일쯤은 아무렇지도 않게 한다고."

개미 3호의 얼굴이 일그러졌어요.

"맞아. 밟혀 죽을 가능성이 큰 곳인데 배부르게 먹는 게 무슨 소용이야? 난 지금 여기가 좋아!"

개미 4호가 개미 3호의 말에 맞장구쳤어요.

"그러니까 위험을 잘 피해 가면서 배불리 먹고 사느냐, 아니면 좀 부족하게 먹더라도 마음 놓

고 사느냐를 놓고 결정해야 하는 거네? 내가 일단 여왕님이 어떤 생각을 갖고 있는지 알아보고 올게."

개미 1호는 여왕개미의 생각을 알아보기 위해 땅굴 가장 깊은 곳에 있는 방으로 향했어요.

"오늘 구해 온 음식이 이게 다라고요? 아무래도 안 되겠군요. 개미 왕국의 수도를 당장 마루 상가 앞 화단으로 옮겨야겠어요."

병정개미들은 도도한 여왕개미의 말에 쩔쩔맸어요. 그 장면을 보고 돌아온 개미 1호는 개미들에게 이 소식을 전했어요. 수도를 옮기는 것을 찬성하는 개미도 있고, 반대하는 개미도 있었지요. 개미들은 다수결의 원칙에 따라 수도를 옮기는 것이 좋을지, 아니면 그대로 있는 것이 좋을지 알아보기로 했어요. 그 결과, 대다수가 옮기지 않는 게 좋겠다고 답했어요.

"우리들의 의견을 어떻게 여왕님께 전달할까?"

일개미들은 개미 왕국 소식지를 만들기로 했어요. 평소 개미들의 생각을 잘 정리해서 전달하던 개미 7호가 기사를 작성했지요.

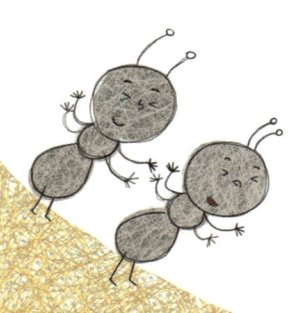

개미 왕국 개미들이 수도를 옮기는 것에 대해 찬반 투표를 실시한 결과, 90%의 개미가 수도를 옮기지 않기를 원하는 것으로 나타났다. 그 이유는 새로운 수도가 될 마루 상가 주변에 많은 위험 요소가 있기 때문인 것으로 조사됐다.

개미 왕국 소식지는 다음 날 아침 일찍 여왕개미에게 전달됐어요. 여왕개미는 천천히 기사를 읽어 내려갔지요.

'흠, 우리 개미들의 생각이 이렇단 말이지? 개미들의 의견인 여론을 무시한 채 내 배만 채우자고 마음대로 수도를 옮길 순 없지.'

고민하던 여왕개미는 드디어 결정을 내렸어요. 그리고 병정개미들을 불러 모았지요.

"여러분의 여론을 정책에 반영하여 수도를 옮기지 않기로 결정했습니다. 이 사실을 개미 왕국 소식지를 통해 모든 개미에게 알리세요! 그리고 수도를 옮기지 않고도 많은 식량을 효율적으로 모을 수 있는 방법을 생각해 봅시다!"

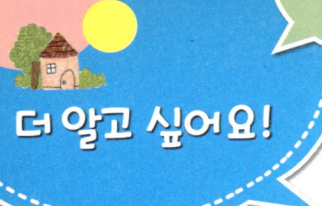

여론이란 무엇일까요?

사람들은 어떤 문제가 발생했을 때, 이 문제를 해결하기 위한 여러 가지 방법을 생각해 내요. 그러나 그렇게 생각해 낸 방법에 대해서 서로 다른 의견을 갖기 마련이지요. 이렇게 제각각인 의견 가운데 가장 많은 사람이 지지하는 의견을 '여론'이라고 합니다. 민주 정치를 잘해 나가기 위해서는 국민의 뜻인 여론을 잘 듣고 정책에 반영해야 해요. 그래야 국민들을 위한 정치를 할 수 있으니까요.

우리나라 최초의 여론 조사는 언제였을까요?

우리나라에서는 1430년(세종 12년)에 최초의 여론 조사가 실시됐어요. 당시 세종은 토지의 질이나 농작물을 거두어들인 양에 관계없이, 세금을 똑같이 내도록 하는 새로운 법을 실시하려고 했어요. 이 법을 실시하기 전에 세종은 백성의 의견을 듣기 위해 여론 조사를 했지요. 5개월간 총 17만 명이 넘는 사람을 대상으로 조사를 하여 찬성 9만여 명, 반대 7만여 명의 결과를 얻었어요. 이에 따라 세종은 "백성들이 좋아하지 않으면 이를 시행할 수 없지만, 좋다는 사람이 더 많으므로 법을 시행한다."고 발표했어요. 지금처럼 과학적인 여론 조사는 아니었지만, 백성의 뜻에 따라 정치를 하려고 했던 세종의 모습을 엿볼 수 있는 일화랍니다.

여론에서 언론은 어떤 역할을 하나요?

말이나 글로 자신의 생각을 전달하는 것을 '언론'이라고 해요. 주로 신문, 잡지, 라디오, 텔레비전, 인터넷 등을 통해 전달하지요. 언론은 나라에서 하는 일에 대한 옳고 그름을 국민에게 알립니다. 또 나라의 정책에 대한 국민의 생각을 전달하기도 해요.

사람들은 언론에서 보도되는 내용을 통해 어떤 문제나 사건에 대해 판단하는 경우가 많아요. 그렇기 때문에 국민에게 어떤 사실을 전달할 때는 항상 공정하게 보도해야 해요. 정부나 힘이 있는 권력자들이 언론을 간섭하지 못하게 늘 감시해야 하고요.

우리나라에서는 헌법으로 언론의 자유를 보장하고 있어요. 헌법 제21조 1항에는 '모든 국민은 언론, 출판의 자유와 집회, 결사의 자유를 가진다.'고 나와 있지요. 따라서 누구든 자신의 생각과 의견을 말이나 글로 발표할 수 있답니다.

시민단체 08

웅이의 특별한 방학 숙제

"휴, 방학이 3일밖에 안 남았네! 아직 방학 숙제 다 못했는데……."

웅이의 중얼거리는 소리를 들은 엄마는 매서운 눈초리로 웅이를 바라보았어요.

"뭐? 방학 숙제를 다 못 했다고? 봉사 활동 시간은 다 채웠어?"

"아, 아직……."

웅이의 말에 엄마의 얼굴이 더 무섭게 변했어요.

"당장 숙제부터 해. 봉사 활동할 곳은 엄마가 알아볼 테니까."

"어휴, 초등학생인데 방학 때 해야 할 일이 왜 이리 많은지……."

"방학 내내 게임하느라 못 한 거겠지!"

웅이는 한참을 투덜거리다가 엄마에게 혼이 난 뒤에야 숙제를 하러 방에 들어갔어요.

숙제를 하다 잠이 든 웅이는 다음 날 아침 일찍 엄마가 깨우는 소리에 벌떡 일어났지요.

"웅아! 어서 일어나. 오늘 봉사 활동하러 가야 해!"

엄마가 웅이를 데려다 준 곳은 경제적으로 생활이 어려운 이웃을 도와주는 시민 단체였어요. 웅이는 억지로 끌려온 아이처럼 잔뜩 심통이 난 얼굴로 봉사 활동에 대한 설명을 들었지요.

"자, 여러분이 오늘 할 일은 각 가정에 식료품을 전달하고, 집 청소를 돕는 겁니다."

선생님의 설명이 끝나고, 웅이는 그 분을 따라 봉사 활동을 하기 위해 작은 동네로 이동했어요. 우리 동네에 이런 곳이 있었나 싶을 만큼 허름한 골목을 따라 올라가니 작은 집이 쭉 늘어서 있었어요. 녹슨 대문을 열고 안으로 들어가자 낡은 집이 모습을 드러냈지요.

"계십니까?"

선생님이 큰 목소리로 부르자 할머니 한 분과 웅이 또래의 여자아이

가 나왔어요. 방 청소를 맡은 웅이가 빗자루와 걸레를 들고 방으로 들어갔어요. 그런데 잠시 후 방에서 엄청난 비명이 들렸어요.

"으악!"

커다란 바퀴벌레를 보고 놀란 웅이는 바닥에 주저앉고 말았어요. 비명을 듣고 달려온 여자아이는 이쯤은 아무 일도 아니라는 듯, 신문지를 돌돌 말아 바퀴벌레를 쳐서 잡았어요.

예전 같았으면 웅이는 왜 이런 곳에 와서 고생을 해야 하냐며 불평을 잔뜩 늘어놓았을 텐데, 오늘은 그런 마음이 들지 않았어요. 좋은 환경에서 어려움 없이 자라면서도 늘 투덜거렸던 자신이 오히려 부끄러웠지요.

잠시 후에는 의사 선생님들이 그곳을 방문했어요. 몸을 움직이는 게 불편해서 병원에 가기 어려운 어르신들을 진찰해 드리기 위해 '열린의사회'라는 시민 단체에서 무료 진료를 나온 거예요.

"할머니! 지난번에 불편하다고 하신 무릎은 좀 어떠세요?"

의사 선생님은 할머니의 상태를 꼼꼼히 살피고 진찰해 주셨어요. 웅이는 오늘 이곳까지 인솔해 주신 선생님과 무료 진료를 나오신 의사 선생님이 너무 멋져 보였어요. 그래서 어떤 시민 단체가 더 있는지 알고 싶어졌지요.

봉사 활동이 끝나고 집으로 돌아온 웅이는 엄마부터 찾았어요.
"엄마! 저 주말마다 봉사 활동 갈래요."
"웅이가 오늘 좋은 경험을 많이 했나 보네. 다시는 안 한다고 투덜대며 돌아올 줄 알았는데 이렇게 좋아하다니 말이야."
그날 밤, 웅이는 좋은 일을 하는 여러 시민 단체에 대해 조사해 보았답니다.

더 알고 싶어요!

시민 단체란 무엇인가요?

시민 단체란 사회 전체의 이익을 위해서 시민들이 스스로 만든 모임을 말해요.

민주주의가 발전하면서 우리나라에도 시민 단체의 종류가 다양해지고, 활동도 활발해졌어요. 예전에는 정치나 노동 문제 중심의 시민 단체 활동이 대부분이었지만, 요즘에는 경제, 인권, 환경, 복지, 교육, 소비자, 여성, 평화 등 여러 분야로 시민 단체 활동이 확대되고 있지요.

시민 단체는 왜 생겨났나요?

시민들이 이 사회에서 스스로 주인 의식을 가지고, 보다 좋은 세상을 만들기 위해 탄생했어요. 즉, 보다 나은 우리 사회를 위해 뜻을 함께하는 사람들이 힘을 합쳐서 만든 것이지요. 여러 시민 단체의 공통점은 특정한 개인이나 단체의 이익을 위한 것이 아니라, '공동의 이익'을 위해 노력한다는 점이에요.

사회가 발달하고 복잡해지면서 점점 더 많은 시민 단체가 생겨나고 있지요. 시민 단체를 만들거나 가입해서 활동하는 것도 시민이 정치에 참여하는 방법 가운데 하나랍니다.

시민 단체의 종류에는 어떤 것들이 있나요?

우리나라에는 많은 시민 단체가 활발하게 활동하고 있어요.

환경 보호를 위해 활동하는 시민 단체는 나라나 기업이 환경을 해치는 활동을 하지 못하도록 감시하고, 자연을 훼손하는 나라 정책에 반대하는 일을 해요. 이런 시민 단체로는 '환경운동연합', '녹색연합' 등의 단체가 있지요.

바람직한 경제 활동을 위한 시민 단체는 정부가 나라 살림을 잘하고 있는지, 기업이 투명하고 합리적으로 기업 활동을 하고 있는지 감시하는 일을 해요. '경제정의실천시민연합', '함께하는시민행동' 등의 단체가 활동하고 있어요.

올바른 정치를 위해 활동하는 시민 단체는 선거가 공정하게 이루어지는지, 지방 자치 단체나 국회 의원들이 일을 잘하고 있는지 감시해요. '참여연대', '정치개혁시민연대' 등이 여기에 속하지요.

교육 문제 해결을 위해 활동하는 시민 단체는 좋은 교육 환경을 마련하도록 정부에 요구하고, 교육과 관련된 여러 문제를 해결하기 위해 노력해요. '참교육을위한전국학부모회', '사교육걱정없는세상' 등이 있답니다.

홀라당 대 발라당

'이번 선거에는 우리 홀라당이 꼭 이겨야 해. 지난번 선거에서 발라당 후보들이 많이 당선되는 바람에 우리 자존심이 팍 깎였지 뭐야.'

홀라당의 한표만 대표는 심각한 얼굴로 중얼거렸어요.

홀라당은 자기네 당에 소속되어 있는 후보를 대통령에 당선시켜 현재 정치권력을 잡고 있는 '여당'이에요. 하지만 지난번 국회 의원 선거에서 발라당의 후보들이 국회 의원 수의 반 이상을 차지했지요. 그래서 홀라당은 이번 선거에서 어떻게든 여당의 자존심을 되찾겠다고 벼르고 있어요.

한표만 대표는 업무를 서둘러 마치고 사무실을 나섰어요.

"대표님! 지금 퇴근하십니까? 금방 운전기사를 준비시키겠습니다."

비서가 깜짝 놀란 얼굴로 말했어요.

"됐어요. 오늘은 내가 알아서 가겠습니다."

한표만 대표는 오늘 버스를 타고 집에 가기로 마음먹었거든요. 게다가 오늘부터 선거 벽보를 붙이는 날이라 야당 후보의 벽보도 살펴보고 싶었거든요. 예상대로 길거리에는 선거에 출마한 후보들의 현수막과 벽보가 여기저기 엄청나게 붙어 있었어요.

모든 것을 확 바꾸겠습니다!
여러분은 지금 행복하십니까? 행복 지수 200%!
화낼 일 없는 대한민국을 만들겠습니다!
기호 2번 ○○○

한표만 대표는 눈을 크게 뜨고 발라당 후보의 공약을 유심히 살펴봤어요. 월급을 꼬박꼬박 받는 사회, 자녀 출산 시 예방 접종비 전액 지원, 어린이 돌봄 시설 확대 등의 문구가 쓰여 있었어요.

'흠, 이 정책을 모두 실행하려면 세금을 더 걷어야 할 텐데…….'

이번에는 옆으로 눈을 돌려 무소속 후보의 벽보를 살펴봤어요. 그런데 벽보에 낙서가 되어 있는

것이 아니겠어요?

'이런, 선거 벽보를 훼손하면 선거법 위반으로 잡혀간다는 사실을 모르나? 쯧쯧!'

한표만 대표의 얼굴이 일그러졌어요.

'그런데 우리 홀라당 후보의 벽보는 잘 붙어 있나?'

이번엔 여당 후보인 기호 1번의 벽보를 살펴봤어요.

기분 좋은 상상을 현실로!

학교 폭력, 밥 굶는 아이 없는
안전하고 따뜻한 교육 환경 만들기!

기호 1번 △△△

한표만 대표의 입가에 흐뭇한 미소가 번졌어요.

'그래! 이번 선거에서는 반드시 우리 홀라당이 승리할 거야!'

그때였어요. 누군가 한표만 대표를 불렀어요.

"이게 누구십니까? 한표만 대표님 아니십니까?"

놀랍게도 발라당의 감시왕 대표였어요. 여당과 야당의

대표가 우연히 길에서 마주쳤어요.

"안녕하세요? 이런 곳에서 발라당의 감시왕 대표님을 만나다니, 정말 뜻밖이네요. 선거 준비는 잘되십니까?"

한표만 대표는 악수를 나누며 말했어요.

"물론입니다! 이번에도 야당인 저희 발라당 후보들을 많이 당선시켜서 대통령과 여당을 잘 감시해야지요. 그럼 또 봅시다."

발라당의 감시왕 대표는 자신만만한 말투로 인사를 하고, 의기양양한 걸음으로 돌아갔어요. 한표만 대표는 다시 한 번 주먹을 불끈 쥐고는 다짐했어요.

'으, 약 올라! 이번 선거를 반드시 여당의 승리로 이끌고야 말겠어!'

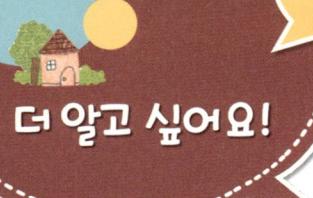
더 알고 싶어요!

정당이란 무엇일까요?

비슷한 생각이나 주장을 가진 사람들이 정치를 하기 위해 모여 만든 단체를 '정당'이라고 해요. 정당은 그 정당에 속해 있는 후보들을 대통령이나 국회 의원에 당선시켜야 자신들의 뜻을 정치에 많이 반영할 수 있지요. 뉴스나 신문을 보면 여당, 야당이라는 말이 자주 등장하지요? 이는 현재 정권을 잡고 있는 정당과 그렇지 않은 정당을 구분하는 말이에요. 여당은 대통령을 당선시켜 현재 권력을 잡고 있는 당을 말해요. 야당은 여당을 제외한 나머지 정당들을 말하지요.

여당과 야당은 하는 역할이 다른가요?

여당은 대통령을 당선시켜 현재 정권을 잡고 있는 당이기 때문에 정치적으로 비슷한 생각을 갖고 있는 대통령을 지지해요. 그래서 정부의 정책을 도와주는 경우가 많아요. 하지만 대통령과 생각이 다를 때는 여당도 정부 정책에 반대하는 경우가 있어요. 반면, 야당은 정부가 잘못하고 있는 것이 없는지 감시하고 비판하는 역할을 해요. 대통령과 여당이 자신들 마음대로 정치하는 것을 막기 위해서지요. 이러한 여당과 야당의 힘이 균형을 이룰 때 정치는 더욱 발전할 수 있는 거예요.

여당

우리 당엔 대통령 있다!

왜 당들은 서로 여당이 되려고 하는 거예요?

예를 들어 어떤 정당은 국가의 발전에 큰 비중을 둬요. 그래서 기업의 수출을 늘리는 데 많은 지원을 해야 한다고 생각해요. 그런데 또 어떤 정당은 국민들의 복지에 큰 관심을 갖고 있어요. 그래서 아동이나 장애인, 노인 복지 시설 등을 짓는 데 더 큰 지원을 해야 한다고 생각해요. 이렇게 정당마다 다른 생각을 가지고 있기 때문에 자신들의 뜻을 정책에 반영하려면 정치적인 힘이 있어야 해요. 힘이 셀수록 국가 정책을 세우는 데 큰 영향을 미칠 수 있겠죠. 그래서 각 정당들은 대통령을 당선시켜 정치적인 권력을 잡으려고 하는 거예요. 혹은 야당이 되더라도 많은 국회 의원을 당선시키면 자신들의 생각과 뜻을 주장하는 데 힘이 실리기 때문에 선거에서 자신의 정당 소속 후보를 당선시키기 위해 노력하는 것이지요.

10 선거

엄마가 나 대신 투표하면 안 돼?

'내일은 임시 공휴일이니까 실컷 늦잠이나 자야지. 오후에는 엄마한테 떡볶이 해 달라고 하고, 저녁에는 오랜만에 친구들을 만나면 되겠다. 녀석들, 대학 가더니 다들 바쁜 척만 한다니까!'

태해는 휴일 생각에 들떠서 밤늦게까지 만화책을 보다 새벽녘에야 잠들었어요. 그런데 이게 웬일이에요. 아침 일찍부터 엄마가 방문을 두들기는 거예요.

"엄마! 오늘은 늦잠 좀 자게 제발 내버려 두세요. 쉬는 날이잖아요."

"무슨 소리야, 투표하러 가야지. 이따 낮에 가면 줄이 길어서 오래 기다려야 해."

"엄마가 제 표까지 대신

투표하고 오세요."

화가 난 엄마는 방문을 벌컥 열고 들어왔어요.

"엄마가 네 투표를 어떻게 대신해 주니? 투표권을 가진 사람이 선거에 직접 참여해야 한다는 건 기본 상식이라고. 어서 일어나."

"아, 글쎄 전 선거 따위 관심 없다니까요. 엄마랑 아빠랑 두 분이서 다녀오세요."

태해는 이불을 뒤집어쓰며 말했어요.

"나태해! 만 19세가 되어 처음 주어진 선거권을 이렇게 쉽게 포기할 거야? 앞으로 이 나라를 이끌어 나갈 대통령을 뽑는 중요한 날이잖아. 얼른 일어나!"

엄마가 휙 하니 이불을 걷고는 매서운 눈초리로 쏘아보았어요.

"아! 알겠어요. 일어나요. 일어난다고요."

엄마의 잔소리에 못 이겨 겨우 일어난 태해는 주섬주섬 옷을 챙겨 입고, 부모님을 따라나섰어요. 집 앞에 있는 투표소에 도착한 태해는 본인 확인을 위해 신분증을 제시해 달라는 선거 관리 위원의 말에 화들짝

놀랐어요.

"신분증이요? 집에 있는데……. 저 나태해 본인 맞아요. 좀 전에 투표용지 받아 간 사람이 저희 엄마 아빠거든요."

"신분증이 없으면 투표하실 수 없습니다."

선거 관리 위원은 단호한 표정으로 태해를 바라보며 말했어요.

'아침부터 왜 다들 나를 귀찮게 하는 거야.'

태해는 결국 집으로 돌아가 주민 등록증을 가지고 왔어요. 드디어 투표용지를 손에 쥔 나태해 씨는 두리번거리며 엄마를 찾았지요.

"엄마! 누구 찍어요?"

투표소에 있던 사람들이 여기저기서 웃기 시작했어요. 엄마는 부끄러워 얼굴이 빨개졌어요.

"선거 공약집 안 읽었어? 누구에게 투표하는지 다른 사람이 알지 못하게 비밀 선거를 해야지. 어떤 후보가 더 일을 잘할 것 같은지, 네가 판단해."

무사히 투표를 마치고 집으로 돌아오는 길에 엄마의 잔소리 2탄이 시작되었어요.

"내 아들이지만 오늘 너 때문에 부끄러워

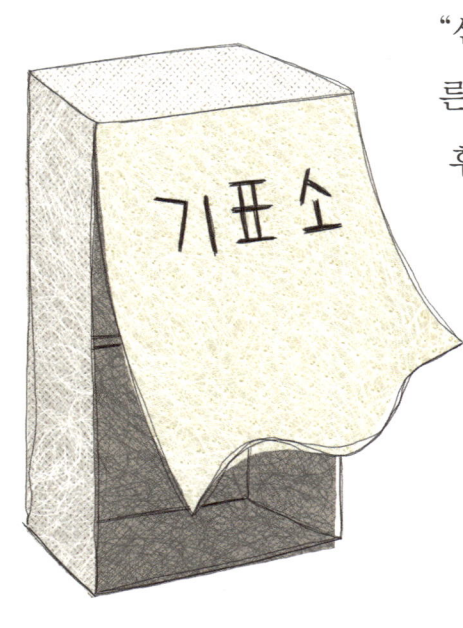

혼났다. 선거와 투표가 얼마나 중요한지 몰라?"
"뭐가 그렇게 중요한대요?"
"국민의 대표를 뽑는 거니까 당연히 중요하지. 나 하나쯤 투표하지 않아도 된다는 생각을 하면, 투표율이 낮아질 수밖에 없어. 그럼 바람직하지 않은 후보가 당선될 수도 있잖니. 그렇게 정치에 무관심해지면 당선자가 국민을 위해 일을 잘하고 있는지 알 수도 없는 거야."

태해는 얼른 집에 가 부족한 잠이나 더 자야겠다는 생각뿐이었어요. 실컷 자다 일어난 태해는 떡볶이를 배불리 먹고 오랜만에 친구들을 만났지요. 그런데 친구들은 1번 후보의 공약이 마음에 든다는 둥, 3번 후보의 공약은 너무 비현실적이라는 둥 선거 이야기만 했어요. 태해는 점점 지루해졌어요.

6시가 넘자 친구들은 개표 방송을 봐야 한다며 모두 집으로 돌아갔어요. 마지못해 집에 돌아온 태해는 방으로 가 책장에 꽂혀 있는 정치 관련 책 한 권을 꺼내 들었어요.

'왜 다들 선거에 이렇게 열을 올리지? 이참에 나도 정치에 관심을 좀 가져 봐야겠어.'

선거란 무엇인가요?

선거는 국민을 대표해서 일하는 사람을 뽑는 거예요. 대통령이나 국회 의원, 지방 자치 단체장 등 국민의 대표자를 선정하는 것이지요. 민주주의 국가에서는 공정하고 올바른 선거를 위해 네 가지 원칙을 정해 두고 있어요. 보통 선거, 평등 선거, 직접 선거, 비밀 선거가 민주 선거의 원칙이지요.

보통 선거의 원칙은 만 19세가 되면 누구에게나 선거권이 주어지는 것을 말해요. 재산, 종교, 남녀 차별 없이 대한민국 국민은 누구나 투표할 수 있어요. 평등 선거의 원칙은 누구에게나 공평하게 한 표씩 투표권이 주어지는 것을 말해요. 직접 선거의 원칙은, 투표권을 가진 사람이 선거에 직접 참여해야 하는 것이지요. 비밀 선거의 원칙은 누구에게 투표했는지 다른 사람이 알지 못하게 하는 거예요.

선거를 할 수 있는 나이는 어느 나라나 같나요?

선거를 할 수 있는 나이는 나라마다 조금씩 달라요. 우리나라는 만 19세 이상이 되어야 선거를 할 수 있어요. 미국, 독일, 프랑스 등은 만 18세, 일본은 만 20세가 돼야 선거를 할 수 있지요. 이렇게 선거를 하는 데 일정한 나이 제한을 두는 이유는 나이가 너무 어리면 어떤 정치인이 국민을 위해 열심히 일할 사람인지 판단하기 어렵기 때문이에요. 국민의 대표를 뽑는 선거는 매우 중요한 일이니까요.

선거에 후보자로 나가려면 어떤 자격이 필요한가요?

어떤 선거의 후보자로 나서느냐에 따라 나이 제한과 자격이 달라져요. 국회 의원 선거에서 후보자가 되려면 만 25세가 넘어야 해요. 또한, 중대한 범죄를 저질렀거나 뇌물을 받은 적이 없어야 하지요. 대통령 후보자가 되려면 만 40세 이상이어야 해요. 또한, 선거하는 날로부터 5년 전부터는 국내에 살고 있었어야 하지요. 시나 도의회 의원이 되기 위해서는 만 25세가 넘어야 해요. 또한, 해당 후보자가 나오려고 하는 지역에서 60일 이상 살고 있어야 한답니다.

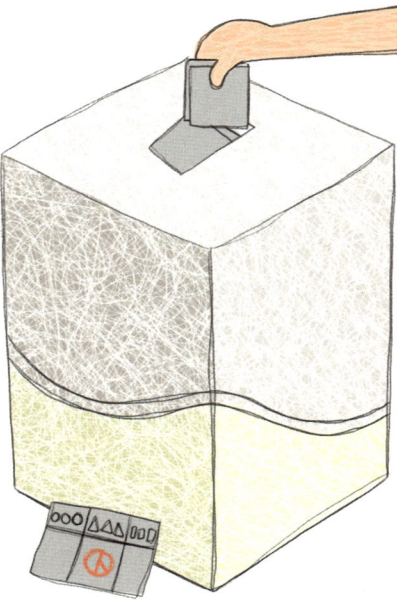

11 대통령

매일매일 바쁜 우리 주인님

'아, 심심해! 도대체 우리 주인님은 왜 이렇게 바쁜 거야? 요즘은 나랑 놀아 주지도 않고!'

오늘도 햄톨이는 주인님이 퇴근하는 시간에 맞춰 열심히 쳇바퀴를 굴렸어요. 웬만해선 하지 않는 두 배 빨리 돌리기 기술까지 했어요. 하지만 주인님은 철창 사이로 손을 뻗어 햄톨이가 좋아하는 해바라기 씨를 몇 알 넣어 주고는 급히 서재로 가셨어요. 햄톨이는 주인님과 놀고 싶었지만 달리 방법이 없었지요.

시무룩해진 햄톨이는 결심을 했어요. 내일 아침 일찍 주인님을 따라가 보기로 말이에요. 그 정도는 햄톨이에게 식은 죽 먹

기였어요. 철창문을 발로 몇 번 밀면 생각보다 쉽게 문이 열려 탈출할 수 있거든요. 지난번에도 너무 심심해서 몇 번 실행에 옮겼다가 안주인님에게 혼난 적도 있었어요.

아침 6시, 햄톨이는 철창문을 열고 집에서 탈출해 주인님 가방에 재빨리 숨었어요. 누구에게 들킬까 봐 조마조마했어요. 아침 식사를 마친 주인님은 햄톨이가 들어 있는 가방을 들고 길을 나섰어요. 뒤에는 경호하는 사람들이 여럿 있었지요. 햄톨이는 들키지 않기 위해 최대한 엎드렸어요.

주인님이 드디어 어디론가 들어가 가방을 내려놓았어요. 햄톨이는 가방 틈새로 주위를 살폈어요. 여기가 말로만 듣던 집무실인가 봐요. 주인님의 책상에는 여러 서류들이 빼곡하게 쌓여 있었지요.

잠시 후 누군가 노크를 했어요.

"들어와요, 비서 실장!"

누군지 묻지도 않고 비서 실장이라는 것을 아는 걸 보니, 매일 아침 주인님께 들르는 사람인가 봐요. 말끔한 양복을 입은 신사가 들어왔어요. 신사는 주인님께 정중하게 인사를 한 뒤, 서류를 펼치고 보고를 하기 시작했지요.

"좋은 아침입니다. 대통령님! 오전 9시에 국무 회의가 있습니다. 오전 11시에는 영국에서 온 여왕을 맞이하셔야 합니다. 12시에는 영부인 합

67

동 만찬이 있습니다. 오후 2시에는 해양수산부 장관 임명장 수여식이 있습니다. 오후 3시에는 노동계 인사들과의 토론의 장이 마련되어 있습니다. 그리고 오후 5시에는 방송사 인터뷰가 잡혀 있습니다."
햄톨이는 비서 실장의 말을 듣고 깜짝 놀랐어요.
'우리 주인님이 나라를 대표하는 대통령이라고? 그럼 내가 살고 있는 이곳은 바로 청와대?'
그때 다시 주인님의 목소리가 들렸어요.
"김 실장! 중국 방문 일정이 언제라고 했지요?"
"정확히 2주 후입니다."
"흠, 농수산물 시장 개방에 대한 중국과 우리나라의 의견 차이가 너무 커서, 최종 협상 때까지 어려운 고비가 많을 것 같군요."

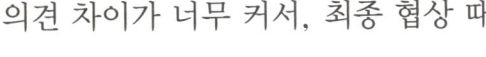
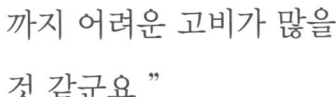

주인님은 이마에 손을 짚은 채 눈을 지그시 감았어요.

'대통령은 할 일이 정말 많구나. 나라를 대표해 다른 나라의 지도자를 만나랴, 나라 살림을 이끌어 가랴, 정말 눈코 뜰 새 없이 바쁘시겠어.'

햄톨이는 주인님이 대단해 보였어요. 주인님은 그 뒤로도 비서 실장과 일정에 관한 몇 가지 이야기를 더 나눴어요. 햄톨이는 간만에 일찍 일어나서인지 계속 하품만 나왔지요. 사실 주인님이 하는 얘기가 무슨 얘기인지 이해하기도 힘들었고요.

'앞으로 주인님이 나랑 놀아 주지 않는다고 투정하지 말아야겠어. 나만의 주인님이 아니라 이 나라의 대통령이시니까. 근데 왜 이렇게 졸리지? 하암!'

햄톨이는 몇 차례 더 하품을 하다가 스르륵 잠이 들었어요.

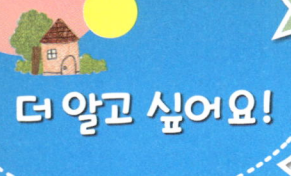

더 알고 싶어요!

대통령이란?

대통령은 나라를 대표하는 국가의 원수예요. 즉, 나라 살림을 맡고 있는 행정부의 우두머리가 되는 최고 통치권자를 말해요.

국가 원수인 대통령은 나라를 대표해서 국제회의에 참석하고, 나라 간의 약속인 외국과의 조약을 체결할 수 있는 권한 등을 갖고 있지요.

대통령은 어떻게 뽑아요?

우리나라의 대통령은 선거를 통해 국민이 직접 뽑아요. 대통령의 임기가 5년이기 때문에 5년마다 한 번씩 대통령 선거를 하지요. 대통령 후보는 선거일을 기준으로 5년 이상 국내에 살고 있어야 하고, 만 40세 이상의 우리나라 국민이어야 해요. 그리고 대통령은 같은 사람이 딱 한 번만 할 수 있지요. 이를 '단임제'라고 해요.

반면 미국 등 몇몇 나라에서는 한 사람이 두 번 이상 대통령을 할 수 있는데, 이를 '연임제'라고 한답니다.

대통령의 권한과 의무는 무엇인가요?

　대통령은 나라를 대표해서 외교 활동을 해요. 또, 위험한 상황이 발생했을 때, 국군을 지휘하는 일을 하지요. 만약 우리 국토가 위협을 받거나 다른 나라와 전쟁을 해야 할 상황에 놓였을 때, 이를 최종 결정할 수 있는 것도 대통령이에요. 전쟁을 하기 전에 다른 나라에 전쟁을 할 것을 알리는 '선전 포고'를 하지요. 나라에 위급한 일이 있을 때는 '긴급 명령'을 내리고, 일정한 장소에 국군을 배치하여 그 지역을 통제하는 '계엄'을 선포할 수 있어요.

　나라의 중요한 결정을 할 때는 국민 투표를 실시할 수 있지요. 헌법을 고쳐야 하거나 수도를 옮기는 문제 등 중대한 결정을 할 때 국민들이 반대하면 대통령이라도 마음대로 할 수는 없어요. 또, 대통령은 국회에 법을 제안하거나 국회가 만든 법을 거부할 수 있는 권한도 있어요.

　이렇게 대통령에게 큰 권한이 있다는 것을 많은 사람이 부러워하지만, 대통령에게는 그만큼 많은 책임과 의무가 따라요. 나라의 독립과 영토를 지킬 의무, 헌법을 지킬 의무, 평화 통일을 위해 성실히 노력할 의무 등 아주 많아요. 대통령은 취임할 때 이런 의무를 꼭 지키겠다고 선서를 한답니다.

아빠는 싸움쟁이?

현관문을 열고 오늘 아침 배달된 신문을 집어 든 수근이는 깜짝 놀랐어요. 신문 첫 장에 아빠 얼굴이 대문짝만하게 실렸기 때문이에요. 수근이는 재빨리 기사를 읽기 시작했어요.

내년도 예산안을 놓고 여야가 다른 의견을 주장하며 맞서고 있는 가운데, 8일 오후 홀라당 당직자들이 본회의장에 들어가기 위해 야당 당직자들과 격렬한 몸싸움을 벌였다. 이날 오후 홀라당 당직자들이 국회 회의장 앞으로 몰려와 진입을 시도하자 발라당 당직자들이 이를 강하게 막았다. 결국 험악한 말이 오가고 무거운 분위기가 만들어졌다.

기사를 다 읽은 수근이는 몸싸움한 아빠의 모습이 부끄러워 얼굴이 빨개졌고, 금세 풀이

죽은 얼굴이 되었어요.

"우리 아들이 아침부터 왜 이렇게 기운이 없을까?"

아침 식사를 준비하던 엄마가 수근이의 표정을 살피며 물었어요.

"이것 좀 봐요."

수근이가 툴툴거리며 엄마에게 신문을 내밀었어요.

수근이의 아빠는 작년에 국회 의원이 되었어요. 아빠는 '젊은 일꾼, 깨끗한 정치인'이 되겠다고 다짐한 뒤, 우리 지역을 위해 최선을 다해 열심히 일하고 있지요. 얼마 전에는 수근이가 다니는 초등학교에서 특별 강연을 해서 수근이의 아빠가 국회 의원이라는 것은 이제 전교생이 다 알고 있어요.

"친구들이 이걸 보면 뭐라고 하겠어요. 아, 창피해!"

수근이가 툴툴거리며 말했어요.

오늘 아침 신문에 난 사건은 내년 예산안을 놓고 여당과 야당의 뜻이 맞지 않아서 생긴 일이에요. 그 자리에 있던 많은 국회 의원 가운데 수근이의 아빠 얼굴이 가장 크게 찍힌 것이지요. 어제 일이 해결이 안 되어서인지, 아빠는 아직도 집에 돌아오지 못했어요.

"수근아, 국회에는 여러 정당이 있지?"
"네. 아빠는 발라당 소속이잖아요."
"그렇지. 정당이란 생각이 비슷한 사람들이 모여 정치를 하기 위해 모인 단체잖아. 정당 간에 서로 의견이 다르면 때때로 다투기도 하는 거야."
"하지만 뉴스에는 국회 의원들이 싸우는 모습이 너무 자주 나온단 말이에요. 그때마다 친구들이 우리 아빠를 흉보는 것 같아서 싫다고요."
수근이가 흥분한 목소리로 말했어요.
"국회 의원은 국민을 대표하는 사람들이기 때문에 많은 일을 하지?"
"얼마나 많은 일을 하는데요?"
"헌법의 일부분을 수정하거나 새로운 내용을 더하기도 하고, 국민 생활에 필요한 법을 만들기도 하지. 뿐만 아니라 정부의 예산과 결산을 검토하고, 심사하는 등 다양한 일을 한단다."

수근이는 밥을 먹으며, 엄마의 말에 귀를 기울였어요.

"그렇게 많은 일을 하다 보면, 서로 의견이 달라 싸우기도 하는 거야. 세계에서 가장 오래된 의회 정치국인 영국에서도 정치인들이 싸우는 걸?"
"정말요?"
수근이가 놀란 표정으로 엄마를 바라보았어요.
"그럼. 어느 나라든 정치를 하다 보면 다툼이 생길 수 있어. 다만, 어제 국회에서 일어난 몸싸움은 잘못된 방법이지. 대화로 서로의 생각 차이를 잘 조절해서 국민이 원하는 방향으로 해결해 나가야 한단다. 앞으로 아빠가 그런 역할을 잘하시리라 믿어 보자."
엄마의 말에 수근이가 고개를 끄덕였어요.
"엄마! 저도 커서 국민을 대표해 이 나라를 이끌어 나갈 정치인이 될래요. 저는 싸우는 모습보다는 국민이 신뢰할 수 있는 좋은 모습만 보여 주는 멋진 정치인이 될 거예요."
수근이는 활기찬 발걸음으로 학교로 향했어요.

국회 의원이란?

국회 의원이란 국민의 대표로서 국회를 이루는 구성원을 말해요. 국민의 선거로 뽑히지요. 국회 의원은 자기 자신이나 자신이 속한 정당의 이익보다는 국가나 국민의 이익을 위해 일해야 해요. 현재 우리나라 국회 의원 수는 지역구 의원 246명과 비례 대표 의원 54명으로 구성되어 있어요. 지역구 의원은 각 지역 후보 중에서 가장 많은 표를 얻은 사람이 뽑혀요. 비례 대표 의원은 각 정당별로 얻은 표수를 비교하여 당선자 수를 결정하지요.

국회 의원은 어떤 사람이에요?

국회 의원은 국민의 선거를 통해 뽑혀, 4년 동안 의원직을 수행해요. 선거에 후보로 나가기 위해서는 만 25세 이상이어야 해요. 국회 의원은 대통령과 달리 여러 번 선거에 나가서 당선될 수도 있어요.

국회 의원에게는 여러 가지 의무가 있어요. 첫째, 법으로 금지하는 직업을 가질 수 없어요. 국회 의원을 하는 도중에 다른 직업을 가질 수 있지만, 정치적으로 중간 입장을 취해야 하는 공무원이나 선거관리위원회 위원 같은 일을 할 수 없지요. 둘째, 뇌물을 받아서는 안 돼요. 국회 의원이 개인적인 이익을 얻으려고 돈을 받으면 나라의 일을 공정하게 처리할 수 없기 때문이에요. 셋째, 국회 의원이라는 지위를 아무 곳에서나 함부로 행사해서는 안 된답니다. 마지막으로, 국민의 대표로서 자신의 이익이 아닌 국가의 이익을 위해 활동해야 해요.

국회 의원이 가진 특별한 권리가 있나요?

　국회 의원에게는 보통 사람들에게 없는 두 가지 특별한 권리가 있어요. 첫째는 범죄를 저지른 현장에서 잡힌 범인이 아니라면 국회가 열린 기간에는 국회의 동의 없이 체포되지 않는 '불체포 특권'이에요. 둘째는 국회 의원이 국회에서 한 말이나 표결에 대해서는 국회 밖에서 책임을 지지 않아도 되는 '면책 특권'이 있지요. 이러한 특권은 국회 의원으로서 자유롭게 일할 수 있도록 하기 위해 정해 놓은 것이에요. 또 국회에서 자유롭게 국민의 의견을 대신 전달해 주고 활발하게 토론할 수 있도록 보장하기 위한 것이랍니다.

입법부의 힘자랑

입법부   행정부   사법부

"내년 예산 계획 잘 세우고 있나, 행정부? 국민이 낸 세금을 쓸데없는 데에 썼단 봐! 내가 두 눈 크게 뜨고 감시하고 있을 테니까."

민주주의 국가에서는 어느 한쪽으로 힘이 쏠리지 않도록 권력 기관이 3개로 분리되어 있어요. 국민의 대표인 국회 의원이 모여 일하는 입법부(국회), 대통령이 중심이 되어 나라의 살림을 운영하는 행정부(정부), 법에 따라 재판을 하고 법에 의해 국민의 권리를 보호하는 사법부(법원)가 그 3개의 기관이지요. 이들은 서로의 세력이 지나치게 커지지 않도록 견제하면서 힘의 균형을 이루고 있어요.

그런데 입법부는 은근히 제 힘자랑을 하고 싶었던 모양이에요.

"민주주의 국가에서 가장 중요한 기관은 입법부라고 생각해. 내가 법을 만드는 일 외에도 얼마나 많은 일을 하는지 다들 알잖아?"
입법부의 말에 행정부와 사법부가 코웃음을 쳤어요.
"무슨 소리! 국가의 살림살이에 대한 결정권을 갖고 있는 게 바로 나라고. 행정부가 일 년 동안 쓸 예산 계획을 잘 세웠는지 심사하고, 돈이 제대로 사용되었는지 감독하는 게 얼마나 중요한 일인지 알기나 해?"
입법부의 계속되는 잘난 척에 행정부가 발끈했지요.
"어디 계속해 보시지!"
계속해 보라는 행정부의 말에 입법부는 더욱 의기양양해졌어요.
"그럼 좀 더 얘기해 볼까? 나는 행정부가 법에 따라 일을 잘하고 있는지도 감시하고 있어. 국정 감사 때 행정부 소속 장관이나 공무원들을 불러 나랏일을 잘했는지 묻고 따지는 것 봤지? 그게 바로 내 능력이라고!"
입법부가 힘주어 말하자 행정

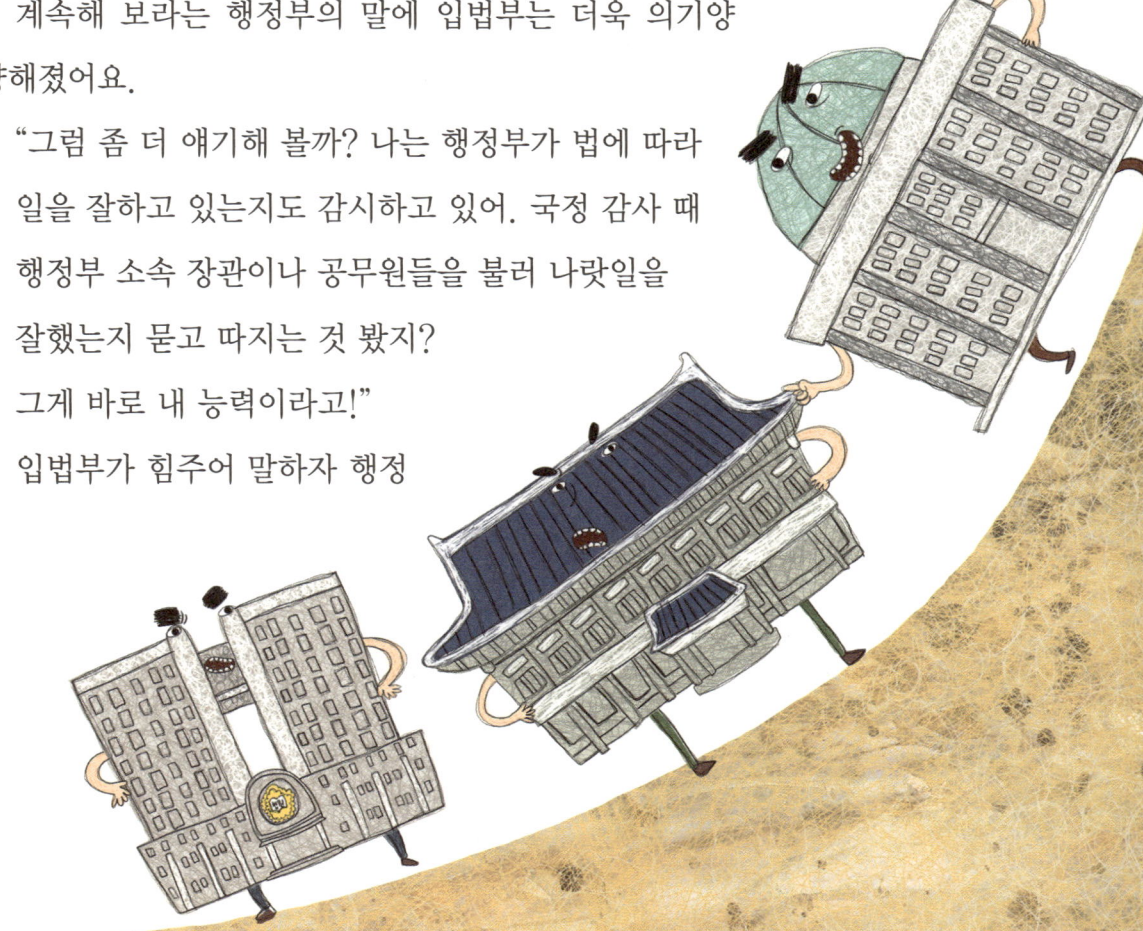

부의 얼굴이 점점 더 붉으락푸르락해졌어요.

"이 나라 일은 아주 네가 다 하는 것처럼 얘기하는구나? 네가 아무리 법을 만들어 봤자 우리 행정부에서 법률안을 거부하면 꼼짝도 못하잖아!"

"어이쿠! 무서워라."

"미안하지만, 입법부에서 만든 이번 법안은 아무리 생각해도 국민의 뜻을 반영한 법안이 아니야. 다시 검토해!"

행정부가 입법부에서 통과된 법안에 대해 거부권을 행사했어요.

법률안 거부권은 대통령이 국회에서 결정된 법률안에 이의를 달아 국회로 되돌려 보내 다시 검토할 것을 요구할 수 있는 권한이거든요. 행정부와 입법부의 의견이 대립할 때, 행정부에게 주어진 가장 강력한 무기인 셈이지요.

"흥! 그런 식으로 나오면 나도 다 생각이 있다고. 해외 전쟁 지역에 우리나라 군인들을 보낼 계획이라고 했지? 어림없는 소리. 입법부에서는 절대 동의할 수 없어."

입법부가 입을 삐죽거리며 소리쳤어요.

"상대방이 하는 일을 무조건 막기만 하면 서로 아무 일도 할 수 없다는 것 몰라?"

사법부가 나서서 둘의 다툼을 말렸어요.

"각자 곰곰이 생각할 시간을 갖는 게 좋겠어. 자기가 하고 있는 일이 무엇이고, 왜 이렇게 서로 견제해야 하는지 생각해 보자고."

사법부는 이렇게 말한 뒤 자리에서 떠났어요. 행정부도 곧 제 갈 길을 갔지요.

"생각해 보나 마나한 것 아냐? 지금까지 내가 한 얘기를 듣고도 모르냐고!"

혼자 남은 입법부가 소리쳤어요.

"잠깐! 너희들을 감시하는 것도 내 일인데 어디로 가는 거야? 거기 서!"

행정부와 사법부가 떠나자 혼자 남은 입법부는 그만 할 일이 없어졌어요.

입법부란 무엇인가요?

입법부인 국회는 국민들이 대표로 뽑은 국회 의원들로 이루어져 있어요. 입법부는 국민 생활에 필요한 법을 만드는 일을 하지요. 모든 법의 기본이 되는 헌법을 고쳐야 할 필요가 있을 때 이를 제안하고 검토하는 일을 해요.

입법부는 법을 만드는 일 외에도 다양한 일을 해요. 정부가 일 년 동안 쓸 예산 계획을 잘 세웠는지 심사하고, 돈이 제대로 쓰였는지 감시하지요. 행정부가 법에 따라 일을 잘하고 있는지 감시하는 역할도 하고요.

또, 대통령이 나랏일에 대해 중요한 결정을 내릴 때는 반드시 국회의 동의를 얻어야 해요. 대통령이 나랏일을 함부로 결정하지 못하도록 하기 위해서지요.

국회는 언제 처음 만들어졌나요?

우리나라 국회는 1948년 5월 10일, 처음으로 국회 의원 선거를 실시하며 시작되었어요. 선거할 권리를 가진 유권자의 95.5%가 투표에 참가해 제주도를 제외한 남한 전역에서 임기 2년의 198명 의원이 당선되었지요. 그리고 그해 7월 17일 우리나라 최초의 헌법이 만들어졌어요. 대한민국 정부와 국민에게 가장 기본이 되는 헌법이 만들어진 것이지요. 그래서 7월 17일을 제헌절로 정해 기념하고 있는 거예요. 헌법이 정해진 후 7월 20일에는 대통령 선거가 실시됐어요. 이 선거에서 이승만 대통령이 초대 대통령이 되었고, 8월 15일 대한민국 정부가 세워졌답니다.

국회에서는 어떻게 법이 만들어지나요?

　국회 의원이나 정부에서 새로운 법안을 제출하면 국회 의장은 법안을 심사하는 상임위원회에 법안을 올려요. 상임위원회에서는 이 법안이 꼭 필요한지, 타당한지를 잘 따져서 국회 본회의에 안건으로 올리지요. 국회 본회의에서는 법안을 다시 심의하고 이에 대한 질문을 하거나 토론을 한 뒤에 국회 의원들이 찬성하는지, 반대하는지 투표를 거쳐요. 그렇게 해서 절반이 넘는 사람들이 참석해 찬성 표가 절반 이상 나오면 새로운 법안이 만들어져요. 국회에서 통과된 법안은 대통령에게 반드시 보고해야 하는데, 만약 대통령이 검토해서 그 법이 옳지 않다고 생각하면 거부권을 행사할 수 있어요. 이를 법률안 거부권이라고 해요. 대통령이 거부한 법률안은 국회로 되돌아가 재검토하는 과정을 거친답니다.

14 행정부(정부)

마음 상한 행정부의 파업

입법부와 한바탕 소란을 일으킨 후 혼자 생각에 잠긴 행정부는 길게 한숨을 내쉬었어요.

"정부에서 하는 일이 왜 그래?"

"이번 정부는 정책 운영을 너무 못 해."

이렇게 사람들이 툭툭 내던지던 말들까지 떠올라 머릿속이 복잡했거든요. 정부가 잘 못 한다느니, 모두 정부의 책임이라느니, 정부에서 대책을 마련해야 한다느니, 사람들은 모이기만 하면 정부 얘기를 해요.

물론 정부가 국민을 위해 나라 살림을 잘 이끌어 나가기를 바라는 마음에서 하는 말일 거예요. 그래도 행정부는 서운한 마음이 들었어요.
　'내가 얼마나 생활과 관련된 많은 일을 하고 있는데…….'
　맞는 말이에요. 불을 끄는 소방관, 도둑을 잡는 경찰관, 나라의 경제 정책을 고민하는 정부 조직까지 모두 행정부 소속이거든요.
　'내가 얼마나 많은 일을 하고 있는지 보여 줘야겠어. 내가 당장 일을 그만두면 사람들이 얼마나 불편한지, 내가 왜 중요한지 알게 될 거야.'
　다음 날 행정부는 모든 일에서 손을 뗐어요. 그러자 사회 질서가 엉망이 되었지요.
　"꺅! 도둑이야! 도둑 잡아라."
　이 집 저 집에 도둑이 들어 사람들이 비명을 질렀어요.
　그래도 경찰관은 출동하지 않았지요.
　"끼이이익! 쾅!"
　교통사고가 나도 상황은 마찬가지였어요.

"불이야! 불!"

불이 난 곳에서는 다급히 119에 신고해 보았지만 전화 통화조차 할 수 없었어요. 물론 불을 꺼 줄 소방관도 오지 않았고요. 나라는 각종 범죄들로 어수선했고, 국민들은 불안에 떨기 시작했지요.

때마침 갑자기 많은 비가 내렸어요. 일기 예보가 중단되어 누구도 이렇게 많은 비가 내릴지 전혀 예상하지 못했지요. 날씨를 미리 알려 주는 기상청도 행정부 소속이거든요.

"이러다 홍수가 나겠어. 높은 곳으로 대피해."

낮은 지역에 사는 사람들은 서둘러 몸부터 피했어요.

"으악! 이게 무슨 냄새야. 고약한 냄새가 진동하잖아."

공공시설로 몸을 피한 사람들이 저마다 코를 막고 인상을 찌푸렸어요. 공공시설도 관리가 안 되어 너무 지저분했거든요. 도시는 그야말로 쓰레기 천국이 되었지요.

그뿐만이 아니에요. 경제가 잘 돌아갈 수 있도록 기업의 활동을 도와주지 못하니 수출에도 큰 타격을 입었어요. 기업들은 손해가 이만저만이 아니었지요.

행정부에 소속된 모든 조직이 일을 하지 않으니 나라가 엉망이 된 거예요. 경제, 교육, 외교, 환경 어느 것 하나 멀쩡하지 않았어요.

놀란 것은 행정부도 마찬가지였어요. 일이 이렇게까지 커질 줄은 몰랐거든요.

'이거, 원래대로 복구하려면 엄청 힘들겠는데?'

입법부는 상황이 점점 심각해지자 행정부에게 다가가 말했어요.

"계속 이런 식으로 나가면, 행정부의 우두머리인 대통령에게 책임을 묻겠어. 국회에 탄핵 소추권이 있다는 걸 잊지 말라고!"

깜짝 놀란 행정부는 그제야 자신의 일을 다시 하기 시작했어요.

더 알고 싶어요!

행정부는 무엇을 하는 곳인가요?

행정부는 나라의 살림을 책임지고 운영하는 곳이에요. 특히 우리 생활과 관계 깊은 여러 가지 일을 하지요. 여러 가지 정책과 계획을 세우고 실천하는 일을 해요. 또, 사회 질서를 지키고 국민을 보호하는 일을 해요. 도둑을 잡거나 교통사고를 처리하는 경찰관의 일, 불을 끄는 소방관의 일도 행정부가 하는 일 가운데 하나예요. 다른 나라에서 쳐들어오지 못하도록 군대를 유지하는 일도 하지요. 또 도로나 댐, 주택, 도서관 같은 공공시설을 만들어 관리하는 일도 하지요. 국민의 건강을 책임지는 역할도 행정부에서 한답니다.

행정부는 어떻게 구성되나요?

행정부는 흔히 정부라고 하는데, 대통령을 중심으로 그 아래 국무총리가 있고, 그 아래에는 각 부처의 장관들이 있어요. 그리고 각 부처의 장관들 아래 공무원들이 일을 하고 있지요. 행정부에는 국토 종합 계획의 수립과 조정을 맡아서 하는 국토교통부, 나라를 지키는 일을 담당하는 국방부, 나라를 위해 희생한 분들에게 보답하는 국가보훈처, 외국과 관련된 일을 하는 외교부, 나라의 경제 정책을 만들고 실행하는 기획재정부, 남북의 교류에 관한 일을 하는 통일부 등이 있어요. 이렇게 각 부서를 나누는 이유는 나라의 살림살이를 효과적으로 나눠서 하기 위해서랍니다.

행정부의 조직을 자세히 알고 싶어요

우리나라 행정부는 18부 5처 17청으로 이루어져 있어요.

```
                          대통령
         ┌──────────────────┼──────────────────┐
    대통령비서실                            대통령경호처
    국가안보실
                                          국가인권위원회
  국가정보원 ─── 감사원 ─── 방송통신위원회

                         국무총리
              ┌────────────┴────────────┐
         국무조정실                  국무총리비서실
```

| 국가보훈처 | 인사혁신처 | 법제처 | 식품의약품안전처 | 공정거래위원회 | 금융위원회 | 국민권익위원회 | 원자력안전위원회 |

기획재정부 국세청 / 관세청 / 조달청 / 통계청	**교육부**	**과학기술정보통신부**	**외교부**
통일부	**법무부** 검찰청	**국방부** 병무청 / 방위사업청	**행정안전부** 경찰청 / 소방청
문화체육관광부 문화재청	**농림축산식품부** 농촌진흥청 / 산림청	**산업통상자원부** 특허청	**보건복지부**
환경부 기상청	**고용노동부**	**여성가족부**	**중소벤처기업부**
해양수산부 해양경찰청	**국토교통부** 행정중심복합도시건설청 / 새만금개발청		

*2018년 6월 현재

사법부
(법원) 15

법을 지켜 주세요

'나도 똑같은 생각을 하고 있었는데, 행정부가 파업을 하다니……. 며칠 만에 또다시 나라를 혼란스럽게 할 수도 없고.'

행정부가 일을 하지 않아서 나라가 어지러워진 것을 목격한 사법부는 잠시 생각을 정리할 시간이 필요했어요. 하지만 그럴 틈도 없이 평소보다 두 배는 바빠졌지요. 왜냐하면 행정부가 일을 손에서 놓은 동안 벌어진 사건, 사고가 너무 많았거든요.

사법부는 사람들 사이에 다툼이 있거나 법을 어긴 경우, 입법부에서 만들어진 법에 따라 판결을 내려 사회의 질서를 유지하는 곳이에요.

오늘은 돈을 훔친 도둑이 이른 아침 재판을 받으러 왔어요. 다른 사람에게 피해를 주었으니 처벌을 받아야지요.

"징역 5년을 선고한다."

판결을 내린 후 한숨 돌려 볼까 했는데, 이번에는 어제 고의로 불을 낸 방화범이 재판을 받으러 왔어요.

"이번 방화로 인한 재산 피해가 2억 원이므로, 징역 5년을 선고한다."

그다음 사람이 등장했어요. 첫 번째, 두 번째 판결에 불만을 가져 세 번째, 즉 3심 재판을 받으러 대법원에 온 사람이었어요. 사법부에서는 재판을 할 때, 판사가 혹시라도 잘못 판단해서 억울한 사람이 피해를 입는 일을 막기 위해 세 번까지 재판을 받을 수 있도록 하고 있거든요. 이 3심 재판을 담당하는 곳은 우리나라 최고의 법원인 대법원이에요. 그래서 대법원에서 내린 3심 재판의 판결은 바꿀 수가 없지요.

"아버지가 돌아가셨는데 장남인 형이 재산을 모두 상속받으려 하고 있어요. 억울합니다!"

그런데 여러 정보를 모아 보니 장남인 형이 자신에게 유리한 판결을 얻기 위해 판사에게 돈을 주려고 했지 뭐예요. 그렇다고 양

심을 버린 채 판결을 내릴 사법부가 아니지요.

'재판을 담당하는 법관은 법과 양심에 따라 판결을 내려야 한다고!'

아무리 강한 권력을 가진 기관이나 사람도 재판 결과에는 무조건 따라야 해요. 그래서 사법부가 공평하고, 올바른 재판을 할 수 있도록 행정부나 입법부로부터 독립되어 있는 거예요.

제대로 된 재판을 위해서 지켜져야 할 원칙은 또 있어요. 누구나 재판 과정을 지켜볼 수 있도록 하는 공개 재판주의예요. 또, 죄를 증명하는 증거가 있어야 처벌할 수 있는 증거 재판주의도 지켜야 해요.

눈코 뜰 새 없이 바쁜 사법부에게 입법부에서 만든 법률안까지 전달되었어요.

'입법부에서 가져온 법률안이 헌법에 어긋나지 않는지 꼼꼼히 따져 보고 확인해야지.'

헌법은 모든 법의 기본이기 때문에 헌법에 어긋나면 법이 될 수 없어요. 이를 검토하고 확인하는 것도 사법부의 일이지요. 그 밖에도 사법부는 국민과 국민 간의 일, 국민과 정부, 정부 부처 간의 문제를 헌법과 법률에 따라 잘잘못을 가려 주는 역할을 하고 있어요.

사법부는 아직도 처리해야 할 사건이 산더미같이 쌓여 있었어요.

'사람들이 법을 잘 지키면 내 일이 좀 줄어들 텐데…….'
그때 행정부가 다가와 슬며시 말했지요.
"내일 우리 행정부의 우두머리이신 대통령이 새로운 대법원장을 임명할 거야."
"으악! 그럼 또 입법부인 국회의 승인을 받아야 하잖아! 역시 우린 서로 자기 마음대로 할 수 있는 게 아무것도 없구나."

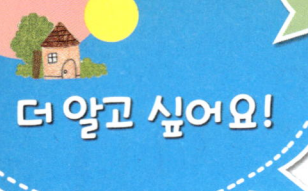

사법부란 무엇을 하는 곳인가요?

사법부는 사람들 사이에 다툼이 있거나 법을 어긴 경우, 입법부에서 만들어진 법에 따라 판결을 내려 사회 질서를 유지하는 곳이에요. 사법부에는 최고 법원인 대법원과 그 아래에 고등 법원, 지방 법원이 있어요. 1심 재판은 지방 법원에서 담당하는데, 이 1심 판결에 불만이 있으면 고등 법원에 2심 판결을 요구할 수 있지요. 대법원은 우리나라 최고의 법원으로 3심 재판을 담당하고 있어요. 대법원에서 내린 판결은 바꿀 수가 없답니다.

재판에도 종류가 있나요?

어떤 이유로 재판을 하느냐에 따라 여러 가지로 나뉘어요.

형사 재판은 다른 사람의 생명과 재산에 피해를 끼치는 범죄로부터 국민을 보호하고 사회 질서를 바로잡기 위한 재판이에요. 강도, 살인, 절도, 폭행 등의 범죄를 저지른 사람을 처벌하기 위한 것이지요. 민사 재판은 개인 사이에 문제가 생겼을 때, 법에 의해 다툼을 해결해 주는 재판이에요. 이 재판에서는 진 사람이 이긴 사람의 요구를 들어주어야 하지요. 가사 재판은 가족 간의 문제를 다루는 재판으로, 이혼, 상속 포기, 재산 나눔 등이 이에 속해요. 행정 재판은 행정 기관이 법에 어긋나는 행위를 하여 개인이 손해를 입었을 때, 그 행위를 무효로 하기 위한 재판이지요. 그밖에도 선거 무효와 당선 무효를 다루는 선거 재판, 특허와 관련된 특허 재판, 군대에 관련된 문제를 해결하기 위한 군사 재판 등이 있어요.

판사, 검사, 변호사는 무슨 일을 해요?

우선 가장 대표적인 민사 재판을 예로 살펴볼게요. 민사 재판을 하기 위해서는 문제나 다툼으로 법원을 찾은 사람의 이야기를 논리적으로 대신 전할 변호사와 판결을 내릴 판사가 필요해요. 변호사는 재판을 받는 사람이 이길 수 있도록 돕는 역할을 하는 사람이죠. 그렇다면 검사는 무엇을 하는 사람일까요? 그걸 알기 위해서는 형사 재판을 살펴봐야 해요. 형사 재판은 강도, 살인 등 범죄를 저지른 사람을 처벌하기 위한 재판이지요. 검사는 재판에서 형벌을 내릴 것을 주장하는 사람이랍니다.

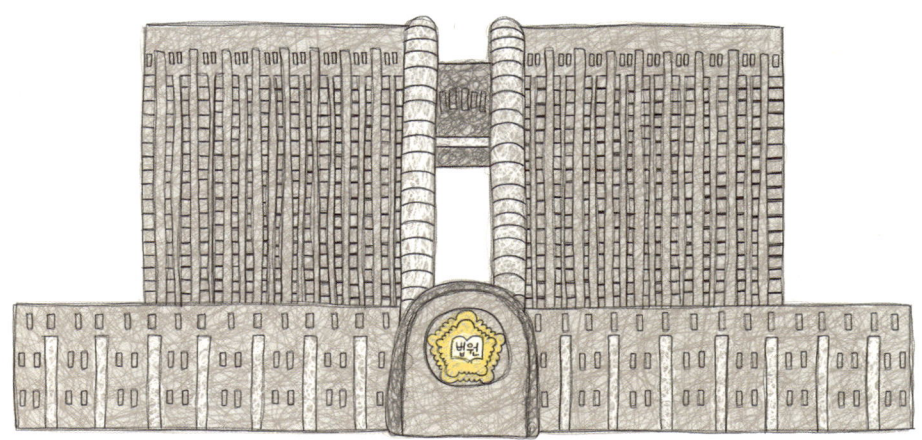

셋이서 힘을 나눠야 하는 이유

"우리는 왜 서로 견제하도록 만들어진 걸까?"

입법부가 말했어요. 국민의 대표인 국회 의원들로 구성되어 있는 입법부가 나라의 중요한 모든 일을 결정할 수 있는 권한을 가지면 얼마나 좋을까 늘 생각했거든요.

"그러게나 말이야."

행정부라고 그런 생각을 하지 않았겠어요? 국가를 대표하는 대통령을 중심으로 이뤄진 기관이기 때문에 당연히 더 강력한 힘을 가져야 한다고 생각했지요.

사법부도 두말하면 잔소리예요. 국민의 자유와 권리를 보장하는 법을 집행하는 곳이니 누구의 견제도 받고 싶지 않았거든요.

"참 이상하단 말이야! 입법부, 사법부, 행정부가 어느 한쪽으로도 힘이 쏠리지 않도록 서로를 견제하면서 힘의 균형을 이뤄야 한다니."

행정부가 의아해하며 말했어요.

"우리 가운데 어느 한 기관의 힘이 더 세지면 어떻게 될까?"

사법부의 말에 입법부는 잘 모르겠다는 표정으로 말했어요.

"예를 들면?"

"음, 국민의 대표인 국회 의원들로 구성된 입법부의 힘이 가장 강력해진다면 말이야."

입법부는 생각만 해도 기분이 좋았어요.

"뻔하지! 마음대로 법을 만들고, 행정부와 사법부를 통제하려 들 텐데. 그러면 국가가 위태로워지고, 국민은 자유와 권리를 보장받지 못하는 거지, 뭐."

행정부의 말이 옳아요.

"그럼, 행정부의 힘이 더 세지면?"

"나라 살림을 제멋대로 운영하겠지. 예산도 마음대로 짜고, 누구의 동의도 없이 군대를 이용해 마음대로 전쟁도 하고. 잘못된 결정을 해도 뭐라 할 기관이 없으니 국가가 혼란스러워질 거야."

그것도 맞는 말이에요.

"그렇다면 사법부의 힘이 강해지는 게 제일 좋겠네?"

"말도 안 돼! 만약 사법부가 법에 따라 판결하지 않고 잘못된 판결을 하거나 비리를 저지르면 어떻게 하려고? 그럴 때 의회가 잘못을 저지른 판사를 탄핵할 수 있는 권한이 있는데, 사법부의 힘이 세지면 그러지 못할 것 아냐."

하나도 틀린 말이 없어요. 그래서 입법부, 사법부, 행정부는 어느 한쪽으로 힘이 쏠리지 않도록 서로를 살피며 힘의 균형을 이루는 거예요.

행정부가 나라 살림을 잘하는지 감시하는 것은 입법부와 사법부이고, 입법부가 국민의 뜻에 맞게 법을 만드는지 감시하는 것은 행정부와 사법부이지요. 그리고 사법부는 자기 마음대로 재판을 하는 것이 아니라 입법부에서 만든 법에 따라 판결을 내리는 거예요.

이렇게 세 기관은 서로를 감시하고 통제하는데, 만약 어느 한 기관의 힘이 세지고 다른 기관의 힘이 약해져서 균형이 깨진다면 독재나 부정부패가 나타날 수 있겠죠. 세 기관이 균형을 이루어야 민주주의가 제대로 발전할 수 있어요.

"우리 셋은 국가의 권력을 똑같이 나눠 가질 수밖에 없는 운명이야."

"맞아! 그래서 입법부, 행정부, 사법부에서 국가의 중요한 일을 나누어 맡는 것을 삼권 분립이라고 하잖아."

"중요한 일을 어느 한쪽에서 마음대로 처리하는 것을 막기 위해 서로 감시하고 통제하는 역할을 하는 거구나."

대통령이 중심이 되어 나라의 살림을 운영하는 행정부, 국민의 대표인 국회 의원이 법을 만드는 입법부, 그리고 법에 따라 재판하고 법에 의해 국민의 권리를 보호하는 사법부, 이 세 기관은 앞으로도 그 힘을 똑같이 나누어 가지기로 약속했어요. 그래서 어느 한 기관이 마음대로 권력을 휘두를 수 없도록 서로 감시하고 통제하는 역할을 계속해 나가기로 다짐했지요.

삼권 분립이 뭐예요?

국가의 권력을 입법부, 행정부, 사법부 삼권으로 분리해 서로 감시하고 통제하여, 권력이 함부로 사용되는 것을 막는 것을 '삼권 분립'이라고 해요. 어느 한 기관이 국가의 중요한 모든 일을 마음대로 결정할 수 있는 권한을 갖는다면, 잘못된 결정을 하거나 자신들의 이익을 위해 권한을 사용할 수 있겠지요. 그러면 국민은 자유와 권리를 보장받지 못하고 나라는 혼란스러워질 거예요. 그래서 국가의 권력을 입법, 사법, 행정의 삼권으로 분리하여 권력이 함부로 사용되는 것을 막고 있어요.

민주주의 국가에서는, 법을 만드는 입법권은 국민의 대표들로 구성된 의회, 나라의 살림을 운영하는 행정권은 공무원으로 이루어진 정부, 법을 해석하고 적용하는 사법권은 법원이 나누어 갖고 있어요. 그래야 세 개의 기관이 권력을 마음대로 사용하지 못하도록 서로를 감시하고 통제하는 역할을 할 수 있거든요.

삼권 분립은 언제 처음 시행되었나요?

삼권 분립이 세계 최초로 기록된 것은 1787년 미국 헌법에서였어요. 사법부를 행정부에서 최초로 독립시키기도 했지요. 그 후 1791년 프랑스에서도 이 제도를 헌법에 적용시켰어요. 이렇게 권력을 분리하게 된 가장 큰 이유는 서로 다른 권력 기관에 일을 맡김으로써, 이들이 서로 감시하고 권력의 균형을 이루도록 하기 위해서예요. 결국, 삼권 분립이 시행된 이유는 권력 간의 감시와 통제, 균형을 통해 국민의 자유와 권리를 최대한 보장하기 위해서랍니다.

어떤 방법으로 세 기관이 견제와 균형을 이루나요?

입법부, 행정부, 사법부 모두 서로가 간섭하지 않는 것이 원칙이지만, 다른 기관의 힘이 커지거나 마음대로 하는 것을 막기 위한 여러 가지 제도가 있어요. 우선 입법부에서 만든 법이 옳지 않다고 생각하면, 행정부의 수장인 대통령은 그 법을 거부할 수 있어요. 입법부는 행정부가 일을 잘하는지 국정 감사를 할 수 있지요. 사법부는 국회가 만든 법률이 헌법에 맞는지를 심사해요.

이렇게 세 기관은 서로를 감시하고 견제하며 균형을 이루고 있어요.

정부 형태 17

도와줘요, 정치학 박사님!

정치학 박사는 조금 전 비서가 전해 준 편지를 읽었어요. 편지는 홀로왕국에 살고 있는 한 시민이 보낸 것이었어요.

정치학 박사님께

저는 홀로왕국에 살고 있는 평범한 국민 누리라고 합니다. 제가 사는 나라는 오랫동안 왕이 제멋대로 나라를 다스려 왔어요. 최근에는 세상에서 가장 크고 화려한 궁전을 짓겠다며 굶고 있는 국민들에게 혹독한 일을 시키고, 국민들이 열심히 일해 거둬들인 농작물도 모두 빼앗아 갔지요. 저희는 너무나 힘들고 고달픈 하루하루를 보내야 했습니다.

그래서 참다못한 저희 홀로왕국 국민은 혁명을 일으켜 왕을 몰아내고, 새로운 나라를 세웠어요. 왕이 나라의 주인이 아니라, 국민이 주인인 민주주의 국가를 세우려고 말이지요. 그런데 곧 큰 문제에 부딪히고 말았어요. 사람들이 정부의 형태를 두고 '대통령 중심제'를 택할 것이냐, '의원 내각제'를 택할 것이냐 의견이 나뉘어 나라가 혼란스럽습니다.

어떤 이들은 입법부와 행정부가 나뉘어 있는 형태인 대통령 중심제를 택해야 한다고 하고, 어떤 이들은 국민의 요구에 빠르게 반응할 수 있는 의원 내각제를 택해야 한다고 합니다. 이렇게 서로 팽팽하게 힘겨루기만 하고 있으니 도대체 어쩌면 좋을까요?

정치학 분야의 최고 권위자이신 박사님께서 꼭 해결해 주시기를 부탁드립니다. 그럼 박사님의 대답을 기다리겠습니다.

-누리 올림-

편지를 다 읽은 정치학 박사는 잠시 고민에 빠졌어요. 그러고는 곧바로 전용 비행기를 타고 홀로왕국으로 향했지요.

홀로왕국에 도착한 정치학 박사는 생각보다 상황이 심각하다는 걸 바로 느낄 수 있었어요.

어딜 가나 사람들은 정치 이야기로 다투기 일쑤였고, 어수선한 분위기였어요.

'양쪽 의견이 아주 팽팽하구만.'

정치학 박사는 논쟁을 벌이고 있는 한 무리의 이야기를 엿들어 보기로 했어요.

"우리 홀로왕국은 무조건 대통령 중심제로 가야 해!"

"그동안 왕에게 그렇게 당하고도 그런 말이 나와? 대통령 중심제는 대통령이 막강한 권력을 갖기 때문에 독재 정치의 위험이 있어서 안 돼. 다시는 그런 꼴을 보고 싶지 않단 말이야."

흥분할 대로 흥분해서 얼굴, 목, 귀까지 빨개진 사람이 목에 핏대를 세워 가며 목소리를 높였어요.

"하지만 나라가 안정되고, 국가 정책을 빨리 처리할 수 있다는 장점이 있잖아. 지금처럼 나라가 어지러운 상황에서는 안정이 우선이야."

정치학 박사는 또 다른 무리의 이야기를 엿들어 보기로 했어요.

"가장 많은 국회 의원이 소속된 정당이 나라 일을 맡아 하는 체제인 의원 내각제를 해야 한다고 생각해. 의원 내각제에서는 행정부가 입법부에 대해 책임을 지기 때문에 정치적

책임에 민감하거든."

"하지만 단점도 있어. 입법부와 행정부를 한 정당이 모두 독점하면, 의석 수가 가장 많은 당의 횡포를 통제할 장치가 없어서 나라가 혼란스러워질 거야."

사람들 이야기는 모두 맞는 말이었어요. 대통령 중심제든 의원 내각제든 모두 장단점을 갖고 있으니까요. 그래서 정치학 박사도 혼란스러워졌지요.

'내가 아무리 이 분야 전문가라지만 이렇게 어려운 결정을 내려 달라는 건 처음이야.'

다시 전용 비행기를 타고 돌아온 정치학 박사는 홀로왕국 시민에게 편지를 썼어요.

홀로왕국 누리 님께

우선, 오랜 독재 정치를 벗어나 국민이 나라의 주인인 민주주의 국가를 세우신 여러분께 진심으로 축하한다는 말을 전하고 싶군요. 여러분이 고민하고 있는 대통령 중심제나 의원 내각제는 모두 장점과 단점을 가지고 있답니다. 따라서 국민 투표를 통해 국민들 스스로 체제를 선택하고, 선택된 체제의 단점을 보완해 나가는 것이 가장 좋은 방법 같습니다. 그럼 이만!

-정치학 박사 드림-

더 알고 싶어요!

대통령 중심제와 의원 내각제란 무엇인가요?

대통령이 중심이 되어 나라를 이끄는 제도를 '대통령 중심제'라고 해요. 대통령을 중심으로 하는 행정부가 입법부로부터 완전히 분리되어 있지요. 국민이 대통령을 뽑으면, 대통령이 행정부를 구성해요. 따라서 대통령은 국가의 통솔자인 동시에, 행정부의 우두머리가 되지요.

가장 많은 국회 의원이 소속된 정당, 즉 '다수당'이 나랏일을 맡아 하는 제도를 '의원 내각제'라고 해요. 의원 내각제를 하고 있는 나라는 행정부의 대표가 수상이 돼요. 즉, 다수당의 대표가 수상을 맡지요.

의원 내각제에서 수상은 어떻게 뽑나요?

의원 내각제에서 국가의 행정권을 담당하는 최고의 기관을 '내각'이라고 해요. 이 내각의 우두머리를 '수상'이라고 하지요. 의원 내각제를 택하고 있는 나라에서는 대부분 국회 의원 선거를 통해 수상을 뽑아요. 국회 의원은 국민이 직접 선거를 통해서 뽑고, 수상은 국회에서 다수당의 대표가 되는 것이 원칙이에요. 따라서 국민들이 어느 정당을 지지하여 많이 당선시키면 그 정당의 대표가 수상이 되는 것이지요.

의원 내각제를 택하는 나라에는 대통령이 없나요?

일반적으로 의원 내각제를 실시하는 나라는 입헌 군주제를 실시하는 나라와 그렇지 않은 나라로 구분할 수 있어요. 입헌 군주국에서는 국왕이 국가의 원수이고, 그렇지 않은 나라에서는 대통령이 국가의 원수이지요. 다만 국왕은 상징적인 것일 뿐, 실질적인 정치 권한은 내각에 있어요.

의원 내각제를 채택하고 있는 대표적인 나라는 독일, 이탈리아, 영국, 일본 등이 있어요. 이 중 독일이나 이탈리아는 수상 위에 대통령이 있고, 영국이나 일본은 수상 위에 국왕이 있지요. 의원 내각제에서 대통령을 두는 독일, 이탈리아 같은 경우는 수상이 실제 권력을 쥐고 있고, 대통령은 형식적인 존재이지요. 의원 내각제인 나라 중 국왕이 있는 영국과 일본 역시 수상이 실제 권력을 갖고 있답니다.

지방 자치 제도 18

군수님의 이유 있는 외출

어느 식당에 허름한 옷을 입은 노인과 말끔한 양복을 입은 젊은 남자가 들어왔어요.

"이 집에서 가장 인기 있는 메뉴가 어떤 건가요?"

"저희 가게는 돼지고기가 듬뿍 들어간 김치찌개가 가장 인기 있어요."

"그럼 그걸로 2인분 주세요."

김치찌개를 주문한 노인은 음식을 주문하고 식당 안을 천천히 살펴보았어요.

"군수님!"

"쉿! 오늘은 영감님이라 부르라고 했잖아."

"아차! 영감님. 그런데 왜 이런 옷을 입고 동네 식당에 온 거예요?"

젊은 남자가 물었어요.

"좀 알아보고 싶은 게 있어서 말이야."

노인은 옆 식탁에 앉아 있는 손님들이 하는 이야기에 귀 기울였어요.

"요즘 장사가 너무 안 돼서 큰일이야. 이렇게 관광객이 없으니 장사가 될 턱이 있나?"

"그러게 말이야. 아름군은 축제 때마다 관광객 때문에 장사가 잘된다는데, 우리 구진군은 축제 기간에도 파리만 날리니, 원!"

옆 식탁에 앉은 손님들이 긴 한숨을 내쉬며 말했어요.

노인은 수첩을 꺼내 '구진군 축제 활성화시키기, 관광객 늘리기'라고 적었어요. 그리고 이번에는 뒤쪽 식탁에 앉아 있는 손님들이 하는 이야기에 귀를 기울였어요.

"일손 구하기가 하늘에 별 따기야. 젊은 사람들이 다 대

도시로 빠져 나가서 사람을 구하고 싶어도 구할 수가 없다니까."

노인은 수첩에 '일손 부족 해소하기'라고 적었어요.

"엄마! 우리 동네는 왜 어린이 도서관이 없어요? 서울 사는 사촌 형네 동네에는 엄청 큰 어린이 도서관이 있던데……."

노인은 아이가 투덜거리는 이야기도 놓치지 않고 메모했어요. 주문한 김치찌개를 후다닥 먹은 노인은 젊은 남자와 함께 서둘러 식당을 빠져나 갔어요.

"군수님, 오늘 이렇게 변장하고 돌아다니시는 이유가 뭡니까?"

"흠, 자네! 우리나라에서 지방 자치 제도를 시행하는 이유가 뭔가?"

"정치 권력이 중앙 정부에 집중되지 않도록, 여러 지역에 퍼지게 하기 위해서죠. 또, 전국 모든 주민들의 복지를 향상시키기 위해서 하는 거 아닙니까?"

"맞아, 박 비서! 그래서 내가 오늘 이렇게 나온 거네."

군수님은 박 비서와 함께 버스에 올라탔어요. 한참 달리던 버스가 움 푹 파인 도로 때문에 덜컹했어요.

"이런, 이 길도 고쳐야겠군."

군수님은 갑갑했던 변장용 수염을 떼고, 수첩을 펼쳐 들었어요. 박 비서는 아침 일찍부터 군수님을 따라다녀서 피곤했는지, 옆자리에 앉아 졸 고 있었지요.

'구진군 주민들이 원하는 게 무엇인지, 우리 지역에 맞는 정책이 무엇인지는 알았어. 그런데 이 정책들을 시행하려면 예산이 부족하단 말이지.'

군수님은 수첩을 들여다보며 고민에 빠졌어요.

'지방 자치 제도가 제대로 이뤄지기 위해서는 지방 정부의 활동에 필요한 비용을 주민들 스스로 부담해야 해. 그런데 대부분의 지방 정부는 그 비용의 일부만 부담하고 부족한 부분은 중앙 정부로부터 받아서 메우고 있는 형편이지. 그러면 지방 정부가 자신의 돈으로 살림을 하는 게 아니라 남의 돈으로 살림을 하는 격이 되잖아. 쓰는 돈이 버는 돈보다 많아서 적자에 시달리게 될 텐데…….'

이런저런 고민들로 군수님은 머릿속이 복잡했지요.

사무실로 돌아온 군수님은 구진군 스스로 비용을 감당할 수 있는 한도 내에서 지역 경제를 살리고, 주민들을 위한 정책을 시행할 수 있는 방법을 찾기 위해 고민했어요.

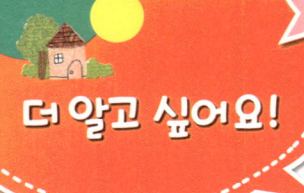

더 알고 싶어요!

지방 자치 제도란 무엇일까요?

지방 자치 제도에서 '자치'란 스스로 자(自), 다스릴 치(治), 즉 '스스로 다스린다'는 뜻이에요. 그러니까 지방 자치 제도는 자기가 사는 지역을 주민들 스스로 다스리는 제도를 말해요. 각 지방의 특성에 맞게 필요한 제도를 만들고 일을 처리하는 등 그 지방의 살림살이를 스스로 할 수 있도록 하는 것이지요. 지역의 특성을 잘 아는 지역 주민이나 지역 대표가 일을 결정하고 처리하면 지역이 더 발전할 수 있기 때문이에요. 지방 자치 제도를 하기 위해 지역의 중요한 일을 의논하고 결정하는 '지방 의회'와 지역의 살림을 맡아 하는 '지방 자치 단체장'이 조화를 이뤄 일하고 있지요.

지역의 대표는 어떻게 뽑나요?

각 지역의 대표는 지방 선거로 뽑아요. 시장, 군수, 도지사, 시 의원, 군 의원, 도 의원 등을 뽑지요. 나라의 중요한 일을 의논하고 결정하는 국회, 그리고 나라의 살림을 맡아 하는 대통령과 정부가 있듯이, 지역마다 지방 자치 단체장과 지방 의회가 있어요. 도의 지방 의회는 도 의회, 지방 자치 단체장은 도지사예요. 시의 지방 의회는 시 의회, 지방 자치 단체장은 시장이고, 구의 지방 의회는 구 의회, 지방 자치 단체장은 구청장이지요. 또한, 군의 지방 의회는 군 의회, 지방 자치 단체장은 군수예요.

지방 자치 제도의 장단점은 뭐예요?

　지방 자치 제도에는 여러 장점이 있어요. 첫째, 지역을 잘 아는 사람들이 지역의 일을 맡기 때문에 지역 사정에 맞게 일할 수 있어요. 둘째, 지역 주민이 지역 일에 관심을 갖고 적극적으로 참여하게 되어 정치에 대한 관심이 커지고, 민주주의도 더욱 발전할 수 있어요.

　하지만 지방 자치 제도에는 단점도 있어요. 특히, 요즘은 자신이 살고 있는 지역의 발전만 바라는 지역 이기주의가 늘어나고 있지요. 예를 들어, 하수 처리장이나 쓰레기 소각장 등 사람들이 싫어하는 시설을 자기 지역에 짓지 않겠다고 반대하거나, 공원이나 공공 도서관같이 모두가 좋아하는 시설은 서로 자기 지역에 세우려고 하는 현상이 발생하고 있어요. 이를 해결하기 위해서는 앞에서 배운 대화와 타협이 중요하답니다.

19 남과 북

할머니의 고향 생각

"지금은 어떻게 변했을꼬……. 살아 있기는 한 걸까?"

낡은 흑백 사진을 손에 든 해방 씨가 다른 한 손으로 눈물을 훔쳤어요.

"딱 한 번만 볼 수 있다면, 내 지금 죽어도 여한이 없으련만."

해방 씨는 긴 한숨을 내쉰 뒤, 서둘러 지갑 속에 사진을 넣었어요. 누군가 방문을 두드리는 소리가 들렸거든요. 손주 녀석이 문을 열고 들어와 해방 씨 품에 안겼어요.

"할머니, 뭘 그렇게 급하게 숨겨요?"

"아무것도 아니다."

"에이, 아니긴 뭐가 아니에요? 다 봤는데. 엄마가 저녁 식사 준비 다 되었다고 식사하시래요."

"알았다. 지금 가마."

해방 씨는 1950년 6월 25일에 일어난 한국 전

쟁 때문에 형제들과 헤어지게 됐어요. 먼저 안전한 곳으로 피난을 떠나라는 오빠의 말에 여동생 손을 잡고 길을 나섰지요. 그러던 중 수많은 사람에게 밀려 여동생을 잃어버렸고, 그 뒤 오빠와도 다시 만나지 못했어요.

그렇게 60여 년이 지난 지금까지 오빠와 여동생이 살아 있는지조차 확인하지 못하고 있지요. 해방 씨는 평생 오빠와 여동생 그리고 고향인 평양을 그리워하며 살았어요.

"어머니, 오늘 저녁 메뉴는 평양냉면이에요. 그런데 제가 만들면 왜 어머님이 하신 것처럼 깊은 맛이 나지 않는 걸까요?"

해방 씨는 고향 음식을 자주 해 먹곤 했는데, 이제는 그 솜씨를 며느리가 배워 대신하고 있지요. 고향 노래, 말씨, 풍습도 자꾸만 잊어버리는 것 같아 서글펐어요. 그래서 고향 생각이 날 때마다 옛 기억을 되살려 음식을 했던 것이지요.

"아니다, 얘야. 아주 맛있구나."

그때 TV에서 해방 씨를 깜짝 놀래킬 만한 뉴스가 흘러나왔어요.

"3년 전 중단됐던 남북 이산가족 상봉이 조만간 다시 시작될 예정입니다. 그동안 남북 간의 여러 문제로 인해 이산가족 상봉이 중단된 후, 우리 정부의 이산가족 상봉 제안에 아무런 응답을 하지 않았던 북한이 드디어 모든 제안을 받아들이기로 했습니다. △△△ 뉴스 김기자입니다."

해방 씨는 TV 화면에 시선을 고정한 채 한참 동안 눈을 떼지 못했어요. 지난 2000년 평양에서 남북 정상 회담이 처음 열린다는 뉴스를 보았을 때도 그랬지요. 남북이 분단된 이후 처음으로 양쪽의 정상이 직접 만나 화해와 통일을 의논했다는 매우 역사적인 의미를 갖고 있으니까요. 해방 씨는 죽기 전에 오빠와 동생을 만날 수도 있겠다는 희망을 갖게 되었어요.

"어머니! 좋은 소식이네요. 이번에 이산가족 상봉이 다시 열리면 어머니도 형제분들을 꼭 만나실 수 있을 거예요."
며느리가 해방 씨의 손을 꼭 잡았어요.
"그렇게 되면 얼마나 좋겠니."
해방 씨 눈가에 또 눈물이 맺혔지요.
해방 씨처럼 한국 전쟁 때 가족들과 헤어져 남한과 북한에 흩어져 살고 있는 이산가족 수가 1천만 명 정도나 된다고 해요. 대부분의 이산가족은 헤어진 지 60여 년이 흐른 지금까지 만나지 못하고 있어요. 이산가족 상봉이 이뤄지기는 했지만 기회가 주어진 이산가족은 얼마 안 됐으니까요. 이산가족이 서로 좀 더 자유롭게 만나기 위해서는 지금보다 남한과 북한이 더 많은 교류를 해야겠지요.

"할머니! 제 이름이 뭐예요. 통일이잖아요. 전통일! 제가 어른이 되면 꼭 대통령이 돼서 남북이 더 많은 교류를 할 수 있게 하고 통일을 이룰 거예요."

"어이구, 우리 강아지! 말만 들어도 기쁘구나."

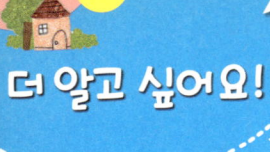

더 알고 싶어요!

이산가족은 왜 생겼을까요?

　우리나라는 1945년 8월 15일 광복과 1950년 6월 25일 한국 전쟁을 거치면서 수많은 이산가족이 생겼어요. 그 수가 1천만 명 정도 되는데, 대부분 아직까지 서로 살아 있는지조차 확인하지 못하고 있지요. 그동안 이산가족 상봉을 통해 가족을 만날 수 있는 기회가 주어지기는 했지만, 서로 만난 이산가족은 몇 백 명 정도밖에 되지 않아요. 앞으로 남한과 북한이 더 많은 교류를 해서 이러한 문제를 풀어 나가야 하지요.

남한과 북한이 서로 교류하지 않으면 어떤 문제가 생겨요?

　남한과 북한은 비록 나뉘어 있지만 같은 민족이에요. 같은 민족이라면 서로 단결하고 화합해야 하는데, 교류조차 하지 않는다면 여러 가지 문제들이 생기지요.
　우선 오랫동안 떨어져 지내면서 남한과 북한 주민이 사용하는 말이 많이 달라졌어요. 또, 생활 방식, 풍습 등도 많이 달라졌지요. 더 오랫동안 이렇게 나뉜 채 지내다 보면 나중에는 서로를 이해할 수 없게 될지도 몰라요. 그래서 경제, 사회, 문화 등의 교류를 통해 서로를 이해하고 통일을 이루기 위한 발판을 마련해야 해요.

남북 정상 회담은 왜 필요해요?

남북 정상 회담이란 남한과 북한의 정상이 직접 만나 이산가족 상봉을 포함한 모든 문제를 놓고 협의하는 회담이에요. 남한과 북한은 둘로 나뉜 이후 오랜 기간 대립해 왔기 때문에 서로 신뢰를 쌓기 위해서는 대화가 매우 중요하지요.

2000년 6월 13일부터 15일까지 남한과 북한은 분단 이후 처음으로 평양에서 남북 정상 회담을 가졌어요. 우리나라의 김대중 대통령과 북한의 김정일 주석이 만나 남한과 북한의 평화를 위해 노력하고, 이산가족 상봉을 비롯해 경제, 문화 교류 등을 실천할 것을 약속했지요. 2007년에는 우리나라의 노무현 대통령과 북한의 김정일 주석이 또 한 차례 만나 남북 정상 회담을 가졌어요. 2018년에는 우리나라의 문재인 대통령과 북한의 김정은 국무 위원장이 만나 평화를 위해 서로 교류하고 노력해 나갈 것을 약속했답니다.

세계 평화를 위한 노력

"뉴스 속보입니다. 베스타 소행성이 오늘 낮 3시에 실비아 소행성을 공격했습니다. 피해 상황과 이번 침공에 대한 배경을 알아보기 위해 실비아 소행성에 나가 있는 울트라 특파원을 연결하겠습니다. 울트라 특파원!"

"네! 실비아 소행성에 나와 있는 울트라 특파원입니다. 베스타 소행성이 실비아 소행성을 공격한 이유가 하나둘 밝혀지고 있습니다. 우선 베스타 소행성과 실비아 소행성은 영토 문제로 오랫동안 갈등이 있었습니다. 또 최근에 실비아 소행성의 국력이 커지자 베스타 소행성이 위기를 느꼈을 것이라는 분석입니다."

텔레비전과 라디오에서 흘러 나오는 뉴스 속보에 200여 개의 소행성에 사는 70억 명의 사람들이 집중했어요. 하늘을 나는 자동차를 몰고 퇴근 중이던 파트라는 뉴스를 듣다가 깜짝  놀랐어요. 울트라 특파원은 파트라의 동생이고, 파트라의 부모님은 실비아 소행성에 살고 계시거든요.

"이런, 베스타 소행성이 또 전쟁을 일으키려고 하는군. 부모님이 안전하신지 어서 확인해 봐야겠어."

파트라는 부모님과 통화를 하고 나서야 비로소 안심했어요. 하늘을 나는 자동차로 단 몇 시간이면 실비아 소행성까지 갈 수 있지만, 부모님은 위험하니 오지 말라고 당부하셨어요. 파트라는 전화를 끊고 다시 동생이 전하는 뉴스에 귀를 기울였지요.

"모든 나라들은 이번 베스타 소행성의 공격에 대해 비난하고, 세계 곳곳에서는 전쟁을 중단할 것을 바라는 시위가 벌어지고 있습니다. 또한 국제 연합은 베스타 소행성에게 실비아 소행성 공격을 당장 멈출 것을 요청했습니다."

최근 들어 베스타 소행성은 이 나라 저 나라와 자주 문제를 일으켰어요. 다른 나라와 사이가 좋다가도 이익이 되는 부분이 없다고 생각되면 즉시 교류를 중단하고, 전쟁을 일으키기도 했지요.

그 시각 국제 연합에서는 긴급 총회가 열렸어요. 이번 사건에 대한 각 나라의 의견을 듣고 세계 평화를 위한 대책을 마련하기 위해서 말이지요.

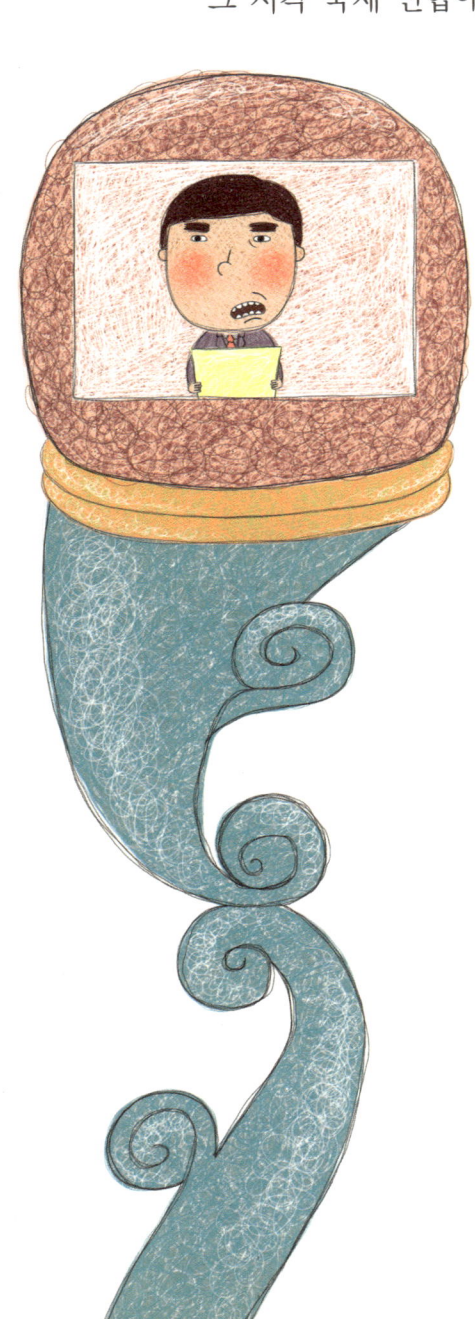

"이번 전쟁으로 고통받는 사람들을 보살피고, 부서진 집과 시설들을 다시 지어 주기 위해 실비아 소행성에 내일 군대를 파견하기로 결정했습니다. 우리 국제 연합은 하루 빨리 피해 시설을 복구하고, 전쟁을 막는 데 최선을 다할 것입니다."

국제 연합 사무총장은 이번 전쟁을 중지시키는 데 최선을 다하고 세계 평화를 위해 노력할 것이라고 발표했어요.

집에 도착하자 아내가 파트라에게 실비아 소행성에 계신 부모님과 특파원으로 나가 있는 울트라의 안부부터 물었어요. 아내와 딸도 뉴스를 보고 많이 걱정이 됐던 모양이에요.

"내가 집에 오는 길에 부모님과 통화했는데,

모두 안전하시대. 전쟁이 빨리 끝나야 할 텐데……. 더 이상 전쟁으로 고통받는 사람은 없어야 하니까."
파트라 씨가 근심 어린 표정으로 말했어요.
"아빠! 우리 내일 당장 실비아 소행성에 계신 할아버지, 할머니 만나러 가요."
"아직은 안 돼! 아까 뉴스 들었지? 전쟁을 막기 위해 내일 국제 연합의 군인들이 출동할 거란다. 국제 연합이 실비아 소행성과 베스타 소행성을 잘 타협시킨 후에 상황이 나아지면 가 보자."
파트라는 상황이 좋아지면 실비아 소행성에 가기로 딸과 약속했어요.

더 알고 싶어요!

국제 사회란 무엇인가요?

여러 나라가 서로 교류하는 사회를 '국제 사회'라고 해요. 하루 만에 어떤 나라든 갈 수 있는 세상이 되어서 지구가 하나의 마을처럼 가까워졌다는 의미로 '지구촌'이라 부르기도 해요. 교통과 통신이 발달하지 않았던 옛날에는 멀리 떨어져 있는 나라와 교류하기가 어려웠어요. 요즘은 교통과 통신이 발달하면서 다른 나라를 쉽게 오갈 수 있게 되어 세계 여러 나라와 무역도 하고 문화 교류도 하고 있지요.

지구촌 시대에 여러 나라는 지구의 환경 오염을 해결하기 위해 협력하기도 하고, 부족한 자원을 더 많이 확보하기 위해 경쟁을 하기도 해요. 그래서 각 나라들은 국제 외교 전문가를 키워 다른 나라와 좋은 관계를 맺기 위해 노력하고 있답니다.

국제기구란 무엇인가요?

공동의 국제적인 목적을 위해 여러 나라가 모여 만든 것을 국제기구라고 해요. 국제 사회가 발전하면서 평화, 인권, 환경, 경제와 관련된 국제기구가 늘어나고 있어요. 가장 대표적인 국제기구는 국제 연합(UN)이에요. 국제 연합은 제2차 세계 대전이 끝난 후에 세계의 평화를 지키기 위해 만들어졌지요. 국제 연합은 국가 간에 생겨난 갈등을 조정하고, 싸움이 있는 지역에 평화 유지군을 보내기도 해요.

이밖에도 유엔개발계획(UNDP), 유엔환경계획(UNEP) 등의 보조 기구와 세계은행(IBRD), 세계보건기구(WHO) 등의 전문 기구가 설치되어 있어요.

비정부 기구란 무엇인가요?

비정부 기구는 정부와는 상관없이 공공의 이익을 위해 전 세계인이 스스로 모여 만든 기구예요. 따라서 여러 나라의 정부가 주체가 되어 만드는 국제기구와는 다르지요. 비정부 기구의 영어 약자인 NGO(Non-Governmental Organization)라고도 불러요. 보건, 환경, 인권 등 다양한 분야의 비정부 기구가 있어요.

의료 분야의 대표적인 비정부 기구에는 '국경없는의사회'가 있어요. 응급 구호가 필요한 세계 각 지역에서 도움의 손길을 주고 있지요. 환경 분야에는 '그린피스'가 있어요. 환경 파괴가 일어나는 곳이라면 어디든지 달려가 다양한 캠페인을 벌이며 환경을 보호하는 데 힘쓰고 있지요. 인권 분야에는 '국제앰네스티'가 있어요. 인간의 존엄성을 해치는 위협이나 차별 등으로부터 모든 사람의 인권을 지키기 위해 노력하고 있답니다.

찾아보기

가사 재판	94
검사	95
계엄	71
고등 법원	94
공개 재판주의	92
구 의회	112
구청장	112
국가	16
국가의 3대 요소	16
국경없는의사회	125
국무총리	88
국민의 권리	34, 35
국민의 의무	38~41
(교육의 의무, 국방의 의무, 근로의 의무, 납세의 의무)	
국민 주권	28
국민 투표	71
국제기구	124
국제 사회	124
국제 연합	124
국회 의원	76
군사 재판	94
군수	112
군 의회	112
권력 분립	28
기본권	34
(사회권, 자유권, 참정권, 청구권, 평등권)	
긴급 명령	71
남북 정상 회담	119
다수결의 원칙	11
다수당	106
단임제	70
대법원	94
대통령	70
대통령 선거	70, 71
대통령 중심제	103~107
도 의회	112
도지사	112
독재	23
링컨	22
면책 특권	77
민사 재판	94, 95
민주 정치	28
민주 정치의 3가지 원리	28
민주주의	22
법률안 거부권	80, 83
변호사	95
불간섭 의무	35
불체포 특권	77
비례 대표 의원	76
비정부 기구	125
사법부(법원)	78, 90~95
삼권 분립	98, 100

3심 재판	91, 94	지역구 의원	76
상임 위원회	83	탄핵 소추권	87
선거	64	특허 재판	94
선거 재판	94	판사	95
선전 포고	71	평화 유지군	124
수상	106	행정부(정부)	78, 84~89
시민 단체	52	행정 재판	94
시 의회	112	헌법	28, 35, 82
시장	112	형사 재판	94, 95
언론	47		
언론의 자유	47		
여당	54, 58		
여론	46		
연임제	70		
야당	58		
이산가족	118		
입법부(국회)	78~83		
입헌주의	28		
의원 내각제	103~107		
자본주의	23		
장관	88		
정당	58		
정치	10		
제헌절	82		
주권	16, 35		
지방 법원	94		
지방 의회	112		
지방 자치 단체장	112		
지방 자치 제도	110~113		

Q. 사회 공부를 쉽게 하려면?

A. 통합교과 시리즈 참 잘했어요 사회 를 본다!

참 잘했어요 사회 시리즈는 초등 교과 과정에 맞춰 선보이는 통합교과 정보서입니다.
자세하고 정확한 정보를 꼼꼼히 골랐으며, 만화·인터뷰·동화 등을 활용해 다양하게 구성했습니다.
또 책에서 얻은 지식을 완전히 내 것이 되도록 돕는 워크북도 함께 실었습니다.

· 경기도학교도서관사서협의회 선정 '초등 개정교과 연계도서'
· 아이스크림 추천도서   · 학교도서관사서협의회 추천도서
· 한우리 독서토론논술 필독도서

글 강효미 외 | 그림 우연이 외 | 각 권 값 10,000원

● 이 책의 특징

✓ 하나! 하나의 주제를 다양한 교과 영역에 접근하여 정보 전달력 Up!
✓ 둘! 만화·인터뷰·동화 등이 골고루 담겨 있어 지루할 틈 Zero!
✓ 셋! 배운 내용을 다지며 서술형 평가에 대비하는 워크북 Plus!

지학사아르볼